Hipnoterapia
y
AUTO HIPNOSIS

Hipnoterapia

y

AUTO HIPNOSIS

LA CIENCIA DEL CONTROL MENTAL

JAIME CUEVAS

Número de Control de la Biblioteca del Congreso de los EE. UU.:   2011932441
ISBN: Tapa Dura   978-1-4633-0376-1
                       Tapa Blanda   978-1-4633-0375-4
                       Libro Electrónico   978-1-4633-0374-7

Este Libro fue impreso en los Estados Unidos de América.

Para pedidos de copias adicionales de este libro, por favor contacte con:
Palibrio
1663 Liberty Drive, Suite 200
Bloomington, IN 47403
Llamadas desde los EE.UU. 877.407.5847
Llamadas internacionales +1.812.671.9757
Fax: +1.812.355.1576
ventas@palibrio.com
332276

Índice

1

LA HISTORIA DE LA HIPNOSIS

Se remonta a los inicios de la humanidad, ya que desde siempre, el ser humano ha tenido la necesidad de transmitir ideas a otros seres para sus propias necesidades, de obediencia, de control y mando en sus diferentes modalidades. Sin saber a ciencia cierta lo que estaba haciendo, sino hasta el siglo 18 cuando aparece en escena, un austriaco, inquieto llamado Federico Antón Mesmer, alrededor del siglo XV111, quien por su personalidad y afán de búsqueda, descubre, que todos los seres despiden un magnetismo, al que él llama magnetismo animal, y quien se hace famoso por su invento de la tina o baquet, donde el ayudaba a la gente a sanar con el fluido animal o magnetismo, y por haber devuelto la visión a una famosa concertista de piano de 20 años de edad, ciega desde los 4, eso aconteció en Viena, logrando por sus éxitos, gozar de reconocimiento, gente de muchas partes de la región donde él vivía acudían para recibir el magnetismo animal y poder sanar de sus problemas individuales.

Federico decide mudarse a Francia, Paris la ciudad luz, como se le conocía en aquellos años, para demostrar sus habilidades ante lo más selecto del cuerpo médico y científicos de la época, por lo cual también en Paris fue reconocido, y admirado, en una ocasión cuando estaba en una plaza pública, exponiendo sus habilidades, lo escucho un medico Ingles, James Braid, quien al haberse impactado por las predicas de Mesmer, se dedicó a estudiar el fenómeno de el magnetismo animal y comprobando su eficacia, acuña el nombre de HIPNOSIS, Hipnos—del dios del sueño de la mitología griega, y sis de alteración, o sea sueño alterado o inducido, con buenos resultados en sus prácticas, y así se difunde en los diferentes lugares lo que desde entonces se llamaría Hipnosis, Sigmund Freud también experimento con esta técnica, y como no pudo lograr el trance, como se le llama estar bajo esta técnica, se convirtió en enemigo de Mesmer y lo ataco llamándole charlatán, sin embargo años más tardes, si pudo aplicar y lograr grandes resultados con la hipnosis, lo cual lo hizo retractarse de las críticas contra Mesmer, otros personajes de esa era de la

Ciudad Luz, estuvieron envueltos en la corriente de esa práctica mental, hubo un medico también inglés, James Sdale, quien ejercía la cirugía en la india, que entonces era dominio de Ingleses, usando la hipnosis, como anestesia, esta nueva técnica, con increíbles resultados, por medio de su asistente enfermera a quien le enseño, la técnica y ella producía el trance hipnótico en los pacientes, designados para operaciones o cirugías de diversa índole, con lo cual logro y documento más de 500 cirugías usando el método de Mesmer o sea la hipnosis, con el tiempo Mesmer, cayó en desgracia del cuerpo médico francés y vivió en desgracia sus últimos años en parís.

Había nacido una técnica muy importante, con un nombre muy específico, en algunos lugares, le llaman sofrología, control mental etc . . .

Se sabe que, muchos religiosos de esa y épocas anteriores, ya sabían, que si a una persona se le repetía algo por una persona de autoridad, como papá o mamá, se le grababa y podía hacer lo que se le dijera, viendo eso, muchas órdenes religiosas lo implementaron con sus alumnos, según consta en diferentes documentos de esos viejos monasterios, y conventos, así mismo los gobernantes sabían que para controlar a la población, se repetían las cosas, muchas veces y la mente haría que las personas lo mismo obedecieran o no cuestionaran, lo que los políticos o lideres les decían en sus prácticas, y así se convirtieron en seguidores de personas no siempre bien intencionadas, ya que a través de la sugestión, se puede ejercer cierto control, las religiones en sus diversas eras han usado lo que en hipnosis se llama, inducción, visualizaciones, y sugestiones dirigidas, para lograr lo que también en hipnosis se llama trance.

Por eso es que muchas religiones no aprueban las prácticas de la hipnoterapia, porque consideran que se les descubre su método, que siempre han usado para el control de las conciencias de los feligreses, miembros o creyentes, ejemplo si a alguien se le dice sino obedeces los preceptos divinos, te quemaras en el infierno, y al visualizarlo o imaginarlo es como si lo viera realmente y puede sentir inclusive el calor y el dolor que las llamas le provocarían, algo que a nadie le gustaría, y entonces por el miedo, el temor se convierten en creyentes obedientes y sumisos, en la actualidad en muchos métodos de mejoramiento personal se utiliza la visualización, para grabar las metas o cambios que se desean en la vida personal.

2

SUS USOS EN LA ANTIGÜEDAD

La hipnosis, más bien la hipnoterapia tiene su historia, en todas las culturas se han encontrado vestigios de su uso.

Históricamente nace con el nacimiento de la raza humana.

Cuatro mil años antes de Cristo, Los sumerios ya la practicaban. Esta civilización es la más vieja que se conoce sobre la tierra. Algunos de sus métodos aún se usan en la actualidad. Lo prueban las tablillas cuneiformes que se han encontrado en los países o culturas que florecieron alrededor de los ríos Tigres y Éufrates.

SUMERIOS.

Desde tiempos inmemoriales, la escuela de los monjes de Erich tiene en su posesión un manuscrito, el cuál gran parte se ha mantenido en buenas condiciones. En él se encuentran pruebas irrefutables de curaciones con sugestiones hipnóticas. Se puede distinguir tres diferentes niveles de hipnosis, hipnosis ligera . . . hipnosis media . . . e hipnosis profunda.

INDIA.

El libro del rey Manu antiguo libro de la india en sanscrito contiene similares evidencias, como, estado Sueño vigilia . . . Sueño dormido . . . sueño éxtasis.

EGIPTO.

En el viejo Egipto se usaba como forma terapéutica sus métodos y aplicaciones se encuentran en el papiro, Ebers Papyrus, el cual tiene cerca de tres mil años.

Los métodos son parecidos a los actuales. Los sacerdotes egipcios como doctores de la gente usaban sus poderes de sugestión. Los enfermos fijaban su vista en discos de metal, la fatiga ocular permitía llegar al sueño hipnótico. Así nació el método de cansancio visual.

Un viejo documento egipcio, revela la imposición de las manos.

"PON TUS MANOS SOBRE TU HOMBRO . . . CALMA EL DOLOR EN TUS BRAZOS Y DI, EL DOLOR DESAPARECERA."

El pueblo atribuía la mejoría a los dioses. Los enfermos suplicaban en ciertos templos como los de Serapis y Canopis.

GRECIA

Los griegos que deseaban la cura por medio de la hipnosis dormían en los templos. Los enfermos se sujetaban a una dieta especial de acuerdo a sus problemas y otras terapias naturales: Baños aromáticos, lavados rituales, luego un sacerdote les hablaba de curas anteriores para crear impacto, y para predisponerlos a las terapias mentales.

Mientras la persona dormía, los sacerdotes les repetían sugestiones curativas. Esto llevaba a los enfermos a practicar autosugestiones curativas.

El significado de los sueños jugaba un papel muy importante en los tratamientos. Para los egipcio y griegos, los sueños eran mensajes de los dioses. Guiados por los médicos visualizaban las sugestiones, para así sanar. Y los estimulaban y recomendaban obedecer los mensajes de los dioses.

Los egipcios y griegos se valían de médiums, y ellos en trance se contactaban con los dioses . . .

En el templo de DELFIS consagrado a APOLO, el sacerdote se sentaba frente a una grieta en la roca por la cual salía un vapor que le servía para llevar al trance a los que acudían al templo con la idea de sanar. En otros templos se usaba el humo de ciertas yerbas para inducir el estado hipnótico.

ROMA.

Los doctores servían de intermediarios entre los enfermos y los dioses. Ciertos filósofos adoptaron el poder de la sugestión. El poeta Romano Porfirio, 200 años antes de Cristo reporto un conflicto entre Olympio y Plotinio.

Estos discutían acerca del conocimiento de sus Maestros. Cansado Plotinio reto a Olympio que probara sus conocimientos sobre la sugestión, esto sucedió en presencia de sus pupilos. Plotinio se acercó a Olympio mirándolo fijamente por algunos minutos, diciéndole detén este tu cuerpo como una bolsa, y el cuerpo de Olympio se convulsiono como agonizando, y desde entonces reconoció el poder mental superior de Plotinio.

LATINOAMERICA.

Se sabe también que los Incas, Mayas, aztecas, Coras, Huicholes, Navajos, Apaches y Yaquis entre otras naciones de América también hacían ciertas prácticas que reflejan el uso de la hipnosis.

LA HIPNOSIS Y EL CRISTIANISMO.

En la edad media los ritos religiosos suplantaron la práctica de la hipnosis. Monjes cristianos remplazaron a los sacerdotes—doctores. Los nuevos métodos fueron los rezos, agua bendita, reliquias de los mártires y la imposición de las manos. Los papas y reyes se referían al nuevo testamento para lograr curas milagrosas, dispusieron "impondrán las manos en mi nombre y los enfermos sanaran".

En el siglo once los monjes de la orden Esiatica del monte Athos, establecieron el principio del auto hipnosis.

PARACELSO.

Theofeorastus vombast de Hohenheim, más conocido como {Paracelso} 1433-1541: Dijo el factor principal de las curaciones es nuestro doctor interno.

Narró que en Karnten, los monjes curaban a los enfermos contemplando una bola brillante con la cual los pacientes entraban en estado hipnótico, y entonces les daban sugestiones sanadoras, la mayoría de estos regresaban sanos.

LA INQUISICION.

Bajo sus términos todos los que practicaban esos métodos, los acusaban de tener pacto con el diablo, y podían ser quemados en la hoguera, se decía que solo los sacerdotes tenían la habilidad de sanar a través del espíritu santo, y como ellos eran los legítimos representantes de dios, ellos estaban capacitados, para hacerlo con la oración, confesión y comunión, se consideraban brujos a los que se atrevían a usar métodos de sanación que, no fueran autorizados por la santa madre iglesia, y si contaban con una posición económica solvente con mayor razón se les acusaba de charlatanería, y brujería, para quedarse con sus bienes, y su destino eran las mazmorras de la santa inquisición o la hoguera, o el desprestigio, unos ejemplos, Galileo, Copérnico, el caso de Galileo el sostenía que la tierra giraba alrededor del sol, mientras que la iglesia, afirmaba que el centro del universo era la tierra, por tales afirmaciones iba a ser quemado en la hoguera y para salvarse, tuvo que decir lo contrario, y con ello consiguió salvar su vida, este es un ejemplo de la cerrazón eclesiástica, que siempre se obstinaban en ser los portadores de la verdad, y la ciencia ha demostrado que estaban rotundamente equivocados y que también Copérnico tenía razón. Y muchas otras personas no tan famosas, padecieron el terror de la inquisición en sus diferentes formas, por practicar técnicas para el bienestar de la población, en muchos casos a escondidas, para no ser perseguidos o dañado en su persona, familia o bienes terrenales.

3

MAGNETISMO ANIMAL—HASTA LA PRACTICA CIENTIFICA DE LA HIPNOSIS

ATHANACIO KIRCHER [1606-1680]

En su libro Maravillas Milagrosas que se publicó en Roma en 1646, este sacerdote jesuita relata el encantamiento de un gallo. Este libro se considera el antecesor del Magnetismo Animal de Mesmer.

MAXIMILIAN HELL

Otro dedicado jesuita y famoso astrónomo logro curas magnéticas, colocando magnetos sobre dibujos de las partes y órganos enfermos. Logrando magníficos resultados en el 60% a 80% de los casos, de mejoría en lo general.

FRANCISCO FEDERICO MESMER [1734-1815].

Se le considera el padre de la hipnosis moderna, decía no se necesitan imanes minerales, astrales ni de hierro sino el fluido interno magnético [energía magnética] de cada uno para sanar los enfermos. Con pases por medio de la manos de arriba hacia abajo del cuerpo. En 1775, Mesmer notifico a todos los eruditos académicos de su tiempo, sus descubrimientos.

Tuvo mucho éxito curando una pianista que era ciega desde los 4 años, lo cual le valió hacerse de muchos enemigos por sus prácticas, con lo que él llamaba magnetismo animal. Esto lo obligo a mudarse de Viena a Paris. Entre sus mejores seguidores se encontraba nada menos que María Antonieta y otros miembros de la corte.

El método que le dio más fama fue la tina que el diseño donde ponía agua magnetizada y barras de hierro de la cuales se agarraban los enfermos para sanar.

En 1984 por orden del Rey Luis XV se creó la Academia de Ciencias, para estudiar las doctrinas Mesmerianas. Esta comisión estaba formada por el doctor Guillotin, Julia y Sallin—D' Arcet, además de Bailly de Bory y Lavoisier, quienes desacreditaron y ridiculizaron la teoría del magnetismo animal.

Las curaciones de Mesmer las achacaron a la imaginación de las personas. La descalificación traspaso las fronteras llegando a los doctores de los reyes de Bavaris, Dinamarca y los Zares de Rusia. Mesmer fue el pionero de la Hipnoterapia y la lucha por el reconocimiento de la misma, por su gran valor, para ayudar a la salud en general de los enfermos físicos o emocionales.

ABBE FARIA [1755-1815]

Este portugués llego en 1813 a París de su natal Goa, él apoyaba la teoría de la sugestión pero desconoció la del fluido animal de Mesmer.
De acuerdo a él solo bastaba la sugestión, para inducir el trance o sueño hipnótico.
En su libro "La Naturaleza Humana del Sueño Inducido" que fue publicado en 1819, llamando al hipnotizador conductor, al sueño hipnótico, le llamo sueño lucido.
¡Su procedimiento fue, póngase de pie enfrente de un sujeto por un momento y dígale duerma! 50% de las personas caen dentro del estado hipnótico.
Este método antecede al shock hipnosis o hipnosis de impacto de Charcot.

JAMES BRAID [1795-1860].

Este médico oftalmólogo, estuvo presente en un experimento de un magnetista escéptico, La Fontaine en Manchester, estudio el fenómeno solo para denunciarlo como charlatanería. Sus pacientes fueron su esposa, su amigo Walker y su sirviente.
Su método poner al nivel del puente de la nariz, un botón brillante por unos momentos y para su sorpresa cayeron bajo trance. Braid fue quien acuno el termino HIPNOSIS del griego Hipnos dios del sueño.
En muchos casos, la hipnosis ocurría después de unos minutos, no era necesario, decía sugestiones habladas. En 1842-43, sus descubrimientos más importantes en este campo aparecieron en [Neurohipnologia y

consideraciones del sueño y su relación con el magnetismo animal]. Sus colegas contemporáneos ridiculizaron su doctrina.

A.A. LIEBEAULT.

Este médico parisino examino las teorías de Braid. En 1886, publico su libro, UNA SOMERA SEMBLANZA DEL SUEÑO ARTIFICIAL. Este trabajo no recibió la difusión que merecía . . .

HIPOLITO BERNHEIM [1843-1917].

Profesor de la Universidad de Nancy, se interesó en las teorías de Liebeault, publicando por su cuenta TRATADO Y APLICACIÓN DE LA SUGESTION. En 1886. El también instituyo La clínica de Hipnoterapia de Nancy, que opera todavía en la actualidad.

LA ESCUELA DE NANCY.

Junto y colaborando con Liebeault. Creo la escuela de Nancy. La aplicación científica de la hipnosis inicia en esta época.

SIGMOND FREUD.

Este alumno de Nancy es el autor del Sicoanálisis. El investigo la hipnosis y trato de demostrar su utilidad. Su trabajo fue retomado por Emile Coue y Ch. Baudouin.

EMILE COUE [1857-1926].

El desarrollo la doctrina de la autosugestión: "TODA HIPNOSIS ES AUTO HIPNOSIS". El hipnoterapeuta crea en el subconsciente del cliente imágenes para conseguir el efecto deseado y la imaginación siempre prevalecerá sobre la voluntad.

Coue, deduce que cada persona es un potente hipnoterapeuta, y se lo hace saber a sus clientes.

Aprenda a curarse a sí mismo, usted puede hacerlo. Yo nunca he curado a nadie, ese poder está dentro de usted. Pida a su mente que le ayude. Haga que le ayude a estar sano física y mentalmente. Siempre está con usted; le ayudara a ser feliz.

Instruía a sus clientes a repetir 20 veces mañana y noche, cada día, estoy mejor y mejor física y mentalmente.

JEAN-MARTIN CHARCOT [1825-1993].

Él era jefe de médicos en la escuela Salpetriere de Paris y profesor de anatomía, un neurólogo con una muy bien ganada reputación. Sus trabajos en enfermedades nerviosas revolucionaron el conocimiento de la época.

LA ESCUELA DE PARIS.

Este nombre se lo puso Charcot para oponerse a la escuela de Nancy. Su opinión era que toda hipnosis es una reacción histérica. Esta corriente fue determinada por la condición de los enfermos generalmente mentales e implemento la shock hipnosis o de impacto. Usaba luces, ruidos fuertes y los enfermos entraban en hipnosis. Según él, la fe era el motivo principal para curar.

I.P. PAVLOV [1849-1936].

Este investigador ruso descubrió otro aspecto de la hipnosis. El experimento más famoso de este fue con un perro, aclaro más acerca de las relaciones sicosomáticas de los reflejos condicionados. Gracias a él la hipnosis perdió su misterio. De acuerdo a la hipnosis las sugestiones son naturales a la condición humana.

JAMES ESDALE.

Medico inglés, famoso por su gran éxito en la hipnosis usándola como hipno—anestesia, en sus pacientes. Los cuales necesitaban cirugías, en la India donde el trabajo por muchos años, se tiene conocimiento de que el enseño a su enfermera asistente, las técnicas de la hipnosis y ella provocaba el trance hipnótico, en los pacientes para ser operados.

Se tiene documentadas más de 500 de estas intervenciones quirúrgicas usando como anestesia solo la hipnosis.

EN LA ERA MODERNA.

Ha habido grandes hipnólogos, como TAURUS Do BRASIL con más de 50 años de experiencia en varios países, como Hipnotista Teatral, y también Terapeuta.

PROF. DE ALBA, DOCTOR KRASNER, GIL BUON, JOHN MILTON [hijo de Taurus do Brasil], MARSHALL SILVER, ANTONY COOLS, y otros menos conocidos pero igual de importantes para el desarrollo de esta técnica milenaria.

TECNICAS.

Hay muchos métodos y técnicas como son:

Línea de vida, Vidas pasadas, Regresiones, Progresiones, Escritura Automática, uso de audio Casetes o CD's, etc . . .

Se han simplificado los métodos y formas para lograr el trance a través de la sugestión, y así conseguir la mejoría de los trastornos o problemas, físicos y emocionales.

Sin embargo, hay ciertas personas que atacan la hipnosis, sin realmente conocerla a fondo. Pero sobre todo le tienen cierto miedo a la palabra HIPNOSIS, en muchos casos se piensa, que al estar bajo Hipnosis se pierde la voluntad y que uno podría ser controlado fácilmente, cosa nada cierta, la persona o personas nunca pierden la noción de las cosas y siempre harán lo que no les perjudique o les dañe, siempre aceptaran las cosas buenas para su salud mental o física.

Estar bajo hipnosis o trance hipnótico, sirve para relajar y propiciar sugestiones positivas para sanar, curar, dolores, complejos, miedos, traumas y mejoramiento personal en el terreno físico y emocional o cualquier actividad a la que uno se dedique o trabaje.

Una técnica, no bien entendida o mal comprendida, sin embargo muy efectiva, si muchas instituciones religiosas, la prohíben, sin haberla estudiado, la rechazan más por ignorancia, que por conocerla, en alguna ocasión, una de mis alumnas, de un curso más o menos por los 90s ella fungía como asistente personal de un pastor no recuerdo la denominación de esa iglesia o religión como comúnmente se le dice, ella era la que organizaba todas las actividades, relacionadas con el buen funcionamiento e inclusive la cuestión monetaria, el pastor le fue dando cada día más obligaciones, y ella como una mujer muy comprometida con su religión las desempeñaba apropiadamente, pero bueno siempre hay peros dicen por ahí, después de tomar uno de mis cursos y precisamente de hipnosis, ella ni tarda ni perezosa empezó a poner en práctica en sus obligaciones como asistente personal de dicho pastor, a las personas que les empezó a exponer esta técnica estaban felices porque lograban ver y sentir mejoras en ellas mismas, solo que un día el pastor se enteró y le dijo que no anduviera haciendo eso que era cosa del diablo, que estaba terminantemente prohibido, que la hipnosis era diabólica, nunca más debes de hacerlo, ella le explico los pormenores, de lo que hacía y él sin escucharle, no, no más le contesto, esta tajantemente muy prohibido, ya te lo dije antes, ella me lo conto después, ella vivía en Santa Barbará, California y viajo solamente para contármelo y bueno yo me comprometí seriamente con ella, en ayudarle de alguna manera, y si un día fui a ver a este pastor y para mi sorpresa, era conocido mío, de la escuela de soldadura, donde yo había estudiado en los 70s, después de reconocernos, empezamos a platicar de la escuela de los compañeros de esos tiempos y bueno nos fuimos al grano hablar de lo que hacíamos en la actualidad, el cómo pastor, bueno dijo ahora estoy donde quería salvando almas, se expresaba muy orgulloso de lo que hacía como pastor, yo le platique del naturismo, y después de un buen rato de platica le dije te noto muy nervioso, cansado, te vez tenso, te voy a ayudar con un relajamiento, lo cual el acepto, y empecé aplicar la hipnosis sin llamarle de esa forma y solo relajamiento le dije y después él se sintió muy bien y dándome las gracias, me dijo deberías, de venir seguido a hacerlo con los y las feligreses, esto les ayudaría mucho, y si asentí que lo haría y le propuse, sabes, porque no lo hago ahora mismo llamas a algunas 10 personas, y ahora mismo lo hacemos en tu presencia, acepto y llamo a varias de las personas que estaban en el templo, y procedí a hacer lo que en ese momento llame relajamiento, las personas que participaron quedaron muy contentas, decían que se sentían muy bien, el muy contento me presento como su mejor amigo, se mostraba muy pero muy contento, las señoras felices y me pidieron que se los hiciera un día que estuvieran todos los miembros y miembras de la iglesia, y el pastor dijo [no menciono su nombre por razones obvias] esa es una buena idea, comprométete dime qué día puedes venir desde los Ángeles, para hacerlo, el domingo de día, jueves noche esta todo mundo aquí y después de mi sermón tu harías esto del relajamiento, aceptas? Y claro que yo acepte, y ya estando solos le dije sabes cómo se llama esta técnica realmente, contesto, no, no sé, le dije te acuerdas de Irma la persona que era tu asistente personal, y que tu corriste porque hizo algo parecido, si, si me recuerdo ella tiene pacto con el diablo, por eso la corrí, bueno déjame explicarte, esto que yo hice es realmente hipnosis le llame relajamiento, porque ya tenía antecedentes de lo de Irma, así que decidí probar que estabas equivocado, y por eso le llame de esa manera, para demostrarte a ti de que se trata y a ti te gusto te hizo bien y tus feligreses también, el contesto visiblemente irritado, tú también eres diabólico como Irma, lárgate de aquí, hey espera que te pasa si te beneficia sin importar como se llama te sirve a ti y sirve a las y los miembros de tu iglesia, no lárgate de aquí, le que paso no me gusta, dijiste que éramos muy amigos no que era tu mejor amigo, le tienes miedo a una palabra, donde quedo tu sabiduría tu inteligencia, las cosas se juzgan por sus efectos, y si algo es bueno para la gente hay que hacerlo, no, y no vete de aquí, nadie me va a decir a mí como hacer yo las cosas, eso de la hipnosis es pura cosa del diablo, no Jaime vete, y las puertas de mi iglesia están cerradas para ti, y los de tu clase, lo pare de echarme de su oficina, y le dije estas peor que en los tiempos de la inquisición, que te pasa, cálmate, relájate, sin escucharme me empujaba para que me saliera, él con los ojos rojos, casi a punto de explotar, fuera de control, salte, salte me decía no vuelvan tu e Irma tienen pacto con el diablo, triste pero así sucedió, como se puede juzgar una cosa sin conocerla y ni viendo el efecto que le causo a él mismo ni a sus feligreses, no pude entender tanta cerrazón, me vino a la mente lo que le paso a Galileo Galilei en tiempos de la dizque santa inquisición, santa imagínese, la palabra santa viene del sanscrito el idioma más viejo que se tiene conocimiento que existió, y significa, san= sabiduría, la terminación ta o to denota el género, hombre o mujer, como se puede ver o entender ni la santa inquisición ni mi ahora ex, amigo son unos sabios o no quieren serlo, bueno experiencias que me confirman la gran necesidad de ayudar a la gente con esta técnica llamada Hipnoterapia, el gran y más grande problema, para mi es la ignorancia los dogmas, creer sin comprobar, creer por creer, la ciencia es comprobación y eso nos da el entendimiento y entonces seremos santos o sabios, triste que las persona descalifiquen algo, sin conocer y por otras experiencias que he tenido personales y profesionales, me confirman que la hipnosis es la gran panacea para problemas conductuales y físicos. Más adelante explicare más a profundidad el alcance de esta técnica. Si con esta experiencia se acabó esa que el pastor consideraba una amistad, ser sabio, [santo] también es saber distinguir entre lo falso y lo verdadero o sea no dejarse engañar, aunque sean tradiciones, culturas, y costumbres, muy arraigadas.

Sin lógica sin comprobación, la comprobación es la ciencia y la sabiduría es amiga de la ciencia, bueno del famoso pastor aprendí, que hay mucha intolerancia e ignorancia y que solo su verdad cuenta, como si solo los religiosos fueran los dueños de la verdad, uff! Hay tantas verdades, que muchos se empeñan en que no salgan a la luz, porque entonces, la gente, el pueblo, no podría ser tan manipulable, para mí esa es la verdadera razón de la cerrazón de muchas personas incluyendo algunos clérigos, políticos, y medios de comunicación.

4

COMO Y PORQUE TRABAJA LA HIPNOSIS

Se sabe que nuestra mente se divide en mente Primitiva 10%, Consciente 12% y Subconsciente 78%. Por lo tanto la verdadera fuerza de nuestra mente estriba en el sub-consiente, y la hipnosis tiene que ver con ese poder mental, que a través de esta técnica, puede ayudar de una manera muy eficaz, con ese 78% del sub-consiente y cambiar actitudes negativas, que nos dañan, y que nos llevan a años de desequilibrios emocionales y de comportamiento social, familiar y en ocasiones nos convertimos en una calamidad para el entorno que nos rodea, muchas tragedias, se desarrollan por informaciones e influencias negativas, desde nuestra niñez, desde que estamos en el vientre materno hasta nuestros primeros 5 años, hemos ido acumulando, ejemplo; un niño que vive con intolerancia será un adulto intolerante por lo contrario un niño que vive en armonía y tolerancia, de adulto será tolerante, y estará inclinado a mantener buenas relaciones con otras personas.

Yo estoy seguro que es de suma necesidad, escuelas para padres, para aprender métodos, para inculcar el respeto y comprensión, hacia los demás, también creo que la mayoría de los delincuentes vienen de hogares disfuncionales, lo que sucede actualmente es que pasamos nuestros propios traumas de generación en generación, y una educación de Papá y Mamá, como se estudia para Carpintero, Plomero. Mecánico, Ingeniero, Doctor, Abogado, etc. También deberíamos educarnos para la tarea más importante de la vida, para los que tienen hijos seria aprender métodos y técnicas que nos ayuden a realizarla, con conocimiento de causa y afecto, sicología del niño las diferentes etapas de estos, que decir, como establecer, normas y reglas en cada familia, para una óptima relación en cada hogar y así será también con la sociedad, el trabajo y todas las relaciones en que cada quien se desenvuelva, la hipnosis es de gran ayuda para mejorar esas actitudes negativas, que hemos adquirido en casa donde nos criamos, y hacer de este mundo un mundo mucho mejor, donde reine la armonía la buena convivencia y el respeto a las costumbres de las diferentes culturas, eso y mucho más puede hacer por nosotros la técnica hipnótica o mejor dicho la Hipnoterapia.

Veamos porque esto puede ser posible, encontraremos la gran utilidad de las técnicas derivadas del magnetismo animal que mencionaba Mesmer, y otros personajes de la historia, que ya mencionamos anteriormente, así que vayamos descubriendo los secretos, que muchas instituciones prohíben o ven como diabólicas, y no debe ser malo lo que nos permite ser mejores ciudadanos, deshacernos de nuestro traumas y demás conductas negativas, como la inseguridad, complejos de pobreza, traumas, miedos, etc. hablando de miedos recuerdo muy bien que por el miedo inculcado en mi entorno familiar, yo de noche evitaba ir al baño y en una ocasión, invite a una amiga a ir al baño, cuando todos estuvieran dormidos, y por la emoción acudí sin ningún miedo, más bien muy emocionado porque iba a ser mi primer encuentro amoroso, ah pero ella no fue y yo sin percatarme de ello fui con mucho valor a ese baño en el corral de la casa sin luz, y cuando me di cuenta que ella no estaba, sentí que se me pararon los pelos de punta, y sentí mucho, pero mucho miedo, y en ese momento supe, que todo lo aprendido sobre el diablo y demás entes que me deberían asustar era solamente mensajes intimidatorios, y también me di cuenta que una fuerte emoción quita el miedo y otros problemas, que nos evitan ser o desarrollarnos plenamente, a cabalidad, y en ocasiones esos miedos inculcados, nos perjudican toda la vida.

5

¿QUE ES LA MENTE?

Es el conjunto de experiencias, vivencias, enseñanzas, y conocimientos, desde el vientre de mamá y desde que se nace.

Mente . . .

. . . . Mente Primitiva 10%.

. . . . Consciente 12%.

. . . . Subconsciente 78%.

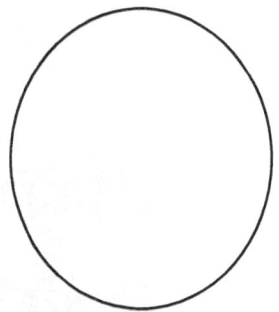

MENTE PRIMITIVA, el recuerdo de toda la existencia del ser humano, o historia de toda la humanidad a través de los siglos o archivo arcaico.

CONSCIENTE, es el asiento de la Razón, Crítica, Voluntad y Análisis.

SUBCONSCIENTE, es como niño de 7 años, que no cuestiona solo graba acepta, la información o sugestiones, que le gustan las palabras rimbombantes y en tiempo presente.

La efectividad tiene que ver con la habilidad del terapeuta y la confianza que pueda despertar en sus clientes, para recibir las sugestiones y así implementar técnicas, las veces que el cliente necesite para sanar de sus dolencias y circunstancias que le aquejen.

6

¿QUE ES HIPNOSIS?

Un ejemplo:

En Tanganika había un hombre enfermo, tenía un ataque de peritonitis, y se consideraba una operación de urgencia, este hombre aterrorizado fue a ver al curandero de su tribu. Y este empezó combinando rituales ancestrales y plantas medicinales, las cuales aplico a la parte dolorosa. El enfermo estupefacto veía sin intervenir la técnica aplicada. ¡El curandero ordeno "DEJA QUE EL DOLOR SE VALLA" Y para sorpresa de todos, el hombre regreso completamente sano! El curandero simplemente uso la sugestión bajo hipnosis.

Otro ejemplo;

Cuando alguien tiene dolor, en equis parte del cuerpo, ya bajo el trance hipnótico se le sugiere, que imagine el dolor como si tuviera una forma y color, ya que lo tiene o visualiza, se le indica que mentalmente lo transforme en un objeto redondo, como un globo y de un color frio como el azul bajito o pálido y luego se le dice que se imagine inflándolo con gas helio, un gas que hace las cosas más ligeras, que floten, lo amarre y lo deje ir y lo vea irse hacia el firmamento, yéndose así el dolor, se despierta del trance al sujeto, y generalmente notara que el dolor no existe más.

Otro Ejemplo;

Es decirle al cliente en trance, que imagine que su mano es como un guante anestésico y al frotar el área adolorida, desaparecerá el dolor.

También;

Se puede sugerir al cliente imagine su dolor como si fuera un papel o pegote, y una vez visualizado como tal que lo pegue en la pared y después que proceda a lavarla para hacer desaparecer el dolor.

Uno de los muchos problemas que aquejan a la humanidad y que contribuye a la infelicidad de muchas personas, es el complejo de inferioridad, muchas veces disfrazado de complejo de superioridad.

COMPLEJO DE INFERIORIDAD

Los que la padecen, se quejan de su pobreza, de la falta de oportunidades, discriminación, en fin tienen pretextos para no tener éxito en la vida o para no lograr sus objetivos de mejorar en la vida, las más de las veces culpan a los demás de sus desgracias. En ocasiones estos aparentan y hablan de sus grandes logros ridiculizando a los demás, porque según ellos siempre tienen la razón, no reconociendo los méritos de otras personas, lo que les impide aprender para mejorar su vida.

Se considera y se sabe que cuando hay un conflicto entre la mente subconsciente y la mente consciente siempre triunfara el subconsciente por medio de la imaginación.

Algunos efectos que se pueden corregir con la hipnosis son, bajar el pulso cardiaco, la respiración, y otros signos vitales, también alterar el flujo de los jugos gástricos, sudar, toser, estornudar, vomitar y excitar las funciones sexuales, detener la menstruación y detener las evacuaciones normales,

Muchas y variadas son las cosas o problemas de salud, que por medio de la hipnosis se pueden solucionar.

7

LEYES DE SUGESTIÓN

La sugestión es el gran secreto de la hipnosis, y del subconsciente, cuando uno se imagina algo, y lo visualiza profundamente la mente se sugestiona y lo ve como real, Ejemplo; si uno imagina o visualiza un limón, lo más común es que empiece a salivar porque para la mente subconsciente la idea de un limón, es tan real como uno de verdad.

Si una persona se imagina que tendrá éxito en la vida y lo visualiza en el subconsciente lo lograra, decía Walt Disney si eres capaz de soñarlo eres capaz de realizarlo ya todos sabemos lo que es disneylandia que el formo.

En la vida cotidiana cualquier cosa que nosotros queramos, escribir un libro, estudiar música, pintura, inglés, mecánica, carpintería, ingeniería, ser un doctor naturista, bueno lo que usted se proponga, podrá lograrlo.

Yo personalmente mi vida la he canalizado sin saberlo a través de la hipnosis, de niño a la edad de 7 años, quería ser locutor y tengo desde hace 20 años programa de radio, después de adulto con plena conciencia de lo que hacía, la he utilizado en cada momento de mi vida, desde los 28 años de edad y puedo decir que mis logros han sido realizados por el uso de la autosugestión, visualización por medio de la auto hipnosis.

HIPNOSIS O HIPNOTERAPIA.

No tiene límites solo los que el mismo terapeuta se ponga, por miedos propios y traumas personales etc.

Después de años de estar practicando la hipnoterapia, en una ocasión sintiéndome cansado, se me ocurrió como hacer más rápida la terapia para mis clientes y es lo que yo llamo EL HIPNO CARTEL. Frecuentemente se me ocurren cosas o invento métodos para la mejoría de mis clientes, la técnica consiste, en usar como su nombre lo dice carteles, Ejemplo; en los casos de los niños que se orinan en la cama, se dibuja una cartulina, para mayor efecto por el niño, mamá y papá, con el mensaje requerido como una manera de apoyo para acabar con el problema, colocándose el cartel enfrente de la cama del niño.

Ejemplo del hipnocartel:

Yo Jaime orino siempre en la taza del baño.

Se puede implementar esta técnica para cualquier problema, físico o emocional, otro ejemplo;

Yo Jaime como siempre lo que mi cuerpo necesita para ser sano de la mente y cuerpo.

Este es un diseño para los niños que no comen vegetales ni frutas crudas.

Para un Matrimonio con problemas;

Somos una pareja, matrimonio que cada día se entiende mejor, y siempre procuramos ayudarnos mutuamente y querernos cada día más con respeto y comprensión.

Para los problemas físicos y emocionales de cualquier índole se solucionarían más rápido con un Hipno—Cartel.

Hay muchos y variados métodos dentro de la Hipnosis para ayudar a hombres, mujeres y niños de ambos sexos. Sí, no hay límites, para con la Hipnoterapia cambiar situaciones traumáticas en equis relación, o complejos, miedos que no nos permiten sentirnos bien o desarrollarnos, en la sociedad, en forma, que nos llene y cumplir nuestras metas y proyectos, en cualquier situación, estudio o deporte. Un método simple y muy eficaz, de los muchos que hay, consiste de 8 pasos.

También los métodos, de auto-hipnosis, tienen importancia relevante para el técnico Hipnoterapeuta para ayudarse a sí mismo, y ser mejor cada vez como tal y sanar de sus propios problemas o programarse para no padecerlos, consiguiendo siempre mejor control mental para producir mejores resultados, y ayudar a sus clientes más eficientemente, y profesionalmente.

8

EL PODER DE LA SUGESTIÓN

"No puedo quitarme lo corajudo—todos en mi familia son así."

"No importa lo que haga, no puedo perder peso"

"Hablar en público me da pavor. Me da mucho miedo hacerlo."

"Por mi pobre memoria, nunca recuerdo los nombres."

"Yo sé que no voy dormir. Nunca lo hago antes de un examen."

"Siempre que lo intento, fallo."

"No puedo mejorar en el golf, estoy atorado en mi juego."

"Los días nublados me ponen triste."

"Cada que la veo, me da coraje."

"El que nace para tamal del cielo le caen las hojas."

"El que nace para maceta, del corredor no pasa."

¿Le parecen conocidas o familiares, estas frases? Son dichos típicos que oímos con frecuencia, que decimos, casi a diario. Desafortunadamente, dichas frases o dichos se pueden convertir en nuestra realidad. ¿Sabe usted por qué? Todas esas frases son sugestiones negativas, que forman parte de nuestro subconsciente para convertirse en nuestra realidad a través del consciente. ¿Después de todo quien no ha sido influenciado por sugestiones negativas? Las sugestiones son creadas por la imaginación y estas juegan un papel muy importante en nuestras vidas, aunque no lo creamos.

Las sugestiones negativas o positivas las tenemos cada día y ha sido así desde que nacimos. Desde el momento que dejamos la matriz de nuestra madre, estamos expuestos a las sugestiones que determinan nuestro comportamiento, por el resto de nuestra vidas. Las sugestiones asimiladas guiaran nuestra forma de ver el mundo, en ocasiones de una manera negativa y en otras de manera positiva, siendo la base de nuestra personalidad, viéndolo de otra manera cada sugestión oída o vivida de alguna forma, impactara nuestra forma de ser y contemplar el mundo que nos rodea, es por eso que es de suma importancia que los padres, tengan cuidado de sus expresiones que un cerebro joven solo graba y almacena, lo que determinara su carácter y su comportamiento en la propia familia y en la sociedad, un ejemplo;

A un niño o niña que se le dice tonto, o equis palabra negativa, por la repetición lo guardara en su subconsciente y en sus actos lo reproducirá tarde o temprano, y lo marcara para siempre.

La mente tiene la capacidad de cambiar. Podemos borrar experiencias negativas y establecer nuevos conceptos en la vida, y de comportamiento, no hay razón para seguir sugestiones negativas de por vida, estas pueden ser cambiadas precisamente por nuestra mente con la terapia apropiada y o sea la hipnoterapia.

La cual nos convertirá en adultos funcionales sin traumas ni complejos que fueron adquiridos en la infancia, o desde el vientre de nuestra madre.

Al estar expuesto a situaciones negativas y la forma de reaccionar a ellas es lo que llamamos programación y esa programación puede ser cambiada con el uso de la hipnoterapia, como antes lo decíamos.

Especialmente en la niñez somos susceptibles a la sugestión porque carecemos del desarrollo del pensamiento lógico y razonable, debido a nuestra corta edad, por eso es que el niño aceptara cualquier cosa que se le dice porque no tiene un sensor para determinar lo bueno o lo malo de una sugestión o palabras de los adultos, creencias dictadas por el ambiente adulto donde un niño vive, y lo tomara como verdad.

Después de los 6 o 7 años el niño desarrolla la facultad crítica, esto es la habilidad de razonar. Y de ahí en adelante, ya puede seleccionar en que creer y aceptar de acuerdo a sus propias experiencias y emociones. Por eso es que para determinar esa información que le afecta, es necesario llegar al subconsciente, haciendo a un lado los factores, de la crítica y razón.

Las sugestiones de personas de autoridad o que representan una autoridad, son de más efecto, un artista un pastor o sacerdote, un policía, maestro, gobernador, presidente, mamá, papá, abuelo, abuela, sabiéndolo o no sabiéndolo, da lo mismo, las sugestiones dadas por personas de autoridad tiene más impacto, cuando uno va con un Hipnoterapeuta, quien también cuenta con ese factor de autoridad en forma profesional, y además está entrenado para ayudar a las personas que lo necesiten, con métodos diversos, sin importar el problema que se padezca.

Cada persona tiene su muy particular forma de ver al mundo y al hipnoterapeuta, le concierne descubrirla y dar la terapia que más efecto tenga con su cliente, de acuerdo a sus características y conducta mental, y de esa manera será más fácil y pronta la ayuda, y conseguir un cliente satisfecho, fuere cual fuere su o sus problemas.

Y hablemos de los canales por los que cada individuo, entiende su entorno y a las demás personas, dice un dicho muy viejo. Cada quien ve el mundo de acuerdo al cristal con que lo mire, y si efectivamente, cada ser tiene esa forma de ver las cosas y que nos hace ser diferentes.

9

CANALES DE APRENDIZAJE

Son los canales por los cuales percibimos nuestro entorno, nuestro mundo que nos rodea, desde el vientre de nuestra madre hasta nuestra muerte.

Los canales son tres, auditivos, visuales y kinesteticos o de toque y movimiento. Es muy importante descubrir los canales de cada persona como aprende o se le hace más fácil aprender o manifestarse, y como descubrimos esos canales por la observación y oyendo los verbos que usa que pueden ser cualquiera de los tres, de esta forma, se nos hará más fácil entender y ayudar a nuestros clientes, sabiendo sus canales primarios, y de esta forma podremos evaluar mejor a cada uno y por ende diseñar la terapia e inducciones con las particularidades de cada quien, y en ocasiones, cuando tenemos dudas, usaremos los tres canales, por ejemplo escúcheme, sienta mi voz y visualice lo que le digo, veamos los canales específicamente.

Lista de características auditivas:

1. Prefiere escuchar las indicaciones cuando arma un modelo.
2. Para aprender lee en voz alta o habla con otras personas.
3. Habla en voz alta cuando está resolviendo algún problema.
4. Prefiere escuchar un CD, o casete a leer el mismo el material.
5. Asocia para memorizar lo que quiere recordar, lo dice en voz alta.
6. Usa palabras que rimen para recordar nombres.
7. Planea la semana siguiente hablando con alguien.
8. Prefiere instrucciones orales.
9. Prefiere juegos de escuchar hablar.
10. Le gusta parar en alguna gasolinera cuando llega a una ciudad extraña.
11. Escucha la radio para mantenerse enterado de las noticias.
12. Es capaz de concentrarse en lo que está otra persona.

Lista de características visuales:

1. Le gusta mantener información escrita.
2. Lee los anuncios cuando va manejando.
3. Arma un modelo perfectamente leyendo las instrucciones.
4. Sigue fácilmente las recetas de cocina.
5. Para aprender escribe un resumen.
6. En un restaurante escribe en las servilletas.
7. Para memorizar usa claves escritas.
8. Para recordar nombres usa imágenes visuales.
9. Prefiere instrucciones escritas.
10. Prefiere un mapa para encontrar el camino.
11. Prefiere juegos que incluyan leer escribir.

Lista de características kinesteticas, o de toque movimiento.

1. Le gusta construir cosas.
2. Prefiere los espacios al aire libre.
3. Se mueve al compás de la música.
4. Se mantiene en forma fácilmente.
5. Prefiere juegos de movimiento.
6. Le gustan mucho las artes manuales.
7. Dibuja y escribe en cualquier lugar disponible.
8. Usa el sentido del tacto para armar un modelo.
9. Le gusta sentir la textura de los objetos.
10. Usa su tiempo libre para actividades físicas.
11. Puede distinguir fácilmente objetos con los ojos vendados.
12. Se mueve fácilmente, coordina muy bien todos sus ejercicios.
13. Aprende fácilmente a escribir a máquina por el sistema del tacto.

Si sabemos cuál es el canal predominante en nuestro cliente tenemos ya las herramientas para ayudarle atinadamente, en ocasiones podemos hacer una combinación de los canales de aprendizaje, cuando haya dudas, un ejemplo; sienta, escuche y visualice, cuando estemos en la inducción, repitiendo constantemente, para asegurarnos que nuestro cliente, si nos de la confianza y capte el mensaje y ser contundente en su tratamiento o terapia.

10

LA HIPNOSIS COMO TERAPIA

La terapia es la llave para ayudar a personas con diferentes problemas físicos y emocionales, y me consta que se puede hacer mucho, como Mesmer lo hizo en su tiempo, ahora sigue siendo importantísima la técnica hipnótica, o como bien le llamamos los que nos dedicamos profesionalmente HIPNOTERAPIA, en algunos casos se requiere varias sesiones dependiendo del problema, en ocasiones una basta y para saber cuántas sesiones se necesitan, tenemos primero que hacer una evaluación, con el cliente, y una vez que encontremos, las causas de su problema y detalles de la misma, podremos determinar número y tiempo que nos tomara llevarle a resolver o conseguir lo que la persona desea, cuantas técnicas hay.? Hay muchas técnicas, todas ellas efectivas, sin embargo, cada hipnoterapeuta escogerá la que más le guste y por experiencia le haya resultado más efectiva.

Después de encontrar en la evaluación el canal de aprendizaje y demás detalles se establece también que tipo de inducción, también de acuerdo a los gustos y traumas del cliente, luego veremos en detalle lo que es una inducción y los diferentes modelos que hay o que usaremos en este libro.

11

SUGESTIONES Y VISUALIZACIONES

Algunas sugestiones, pueden ser palabras, otras pueden ser imaginarias o de visualización, un ejemplo es llevar al cliente a que imagine un lago, y se lo decimos varias veces, le decimos que sienta la brisa y que toque el agua, que la huela y concentrándose y visualizándolo, se sentirá que está en el lago, repitiéndolo varias veces y de muchas diferentes formas y con el poder de sugestión quedara demostrado cuando el sujeto bajo hipnosis, esta efectivamente sintiéndose e imaginando ese lago.

Los niños son muy buenos en su imaginación, porque ellos todo lo desean o quieren conocer, se dice que tienen la imaginación muy despierta. Y ese es el verdadero y gran secreto, de cómo trabaja la hipnosis, en cada inducción se trata de llevar poco a poco, a las personas, recordemos que el subconsciente es como un niño de 7 años, y que le emocionan las palabras con tono de arrullo, como si le habláramos a un bebe o como si lo estuviéramos durmiendo, el tono de voz es muy importante, así que con practica y tiempo, todo mundo puede hacer hipnosis en sus diferentes variedades, como veremos en el siguiente capítulo, las inducciones.

Decíamos antes que las inducciones se preparan de acuerdo a la evaluación que hagamos de nuestro cliente, en la primera entrevista, y la inducción reflejara, la información de esta, para ayudarnos a establecer el canal de aprendizaje apropiado, y como consecuencia será más efectiva, nuestra terapia en cada sesión, y pronto veremos resultados concretos.

12

INDUCCIONES

Aquí esbozaremos algunas inducciones, para diferentes problemas, empezaremos con un relajamiento progresivo.

INDUCCION # 1

Siéntese, póngase cómodo [a], respire profundamente y exhale despacio y lentamente, en unos momentos usted se relajara profundamente, imagínese que se encuentra en un pequeño barco velero, descansando sobre la cubierta en un día soleado y usted se relaja, cada vez más y más cada vez más, escúcheme relájese, suave y lentamente, como nunca antes lo había estado, sus latidos del corazón le ayudan a que usted se adentre cada vez más en el relajaaaamiento, más y maaas, respire más profundo, sienta como el relajamiento va de la cabeza a los pies, mientras usted se encuentra en ese pequeño barco velero, más profundamente súper relajado su cuerpo, con cada palabra que escucha, con los ruidos del mar, con el suave movimiento del barco, con la briza del mar con el olor a mar y el sol que agradablemente le calienta su piel, las nubes que se mueven lentamente como invitándole a más profunnndamenteeee relajarse, siga respirando más y más profundamente, sigue el relajamiento por su cara su dorso su pecho, y sigue en forma descendente, cada vez maaas y más profundamente, el ruido de las gaviotas, el movimiento del mar le ayudan a que usted siga cada vez más su relajamiento, su respiración, le ayuuudaaa cada vez más y más, mucho más de la cabeza a los pies usted se siente disfrutando del relajamiento profundo y entre más escucha la palabra profundo más se relaja, más y más, Siga relajándose, cada vez más, con mi voz, con su respiración, con todos los ruidos de afuera y los propios ruidos de su respiración de su corazón, relajase, relaaaaajessseeee, siga cada vez maaaas y mmmassss, duérmase profuuuundamente, todo usted de la cabeza a los pies se entrega al sueño hipnótico, duérmase muy profundamente, su cuerpo de la cabeza a los pies todo se relaja completamente y se siente muy bien seguro, su cuerpo disfruta del relajamiento profundo, duérmase, duérmase súper profundo, más y más con el vaivén de las olas, de los ruidos del mar, con el sol acariciando su piel disfrutando de sentirse bien y más pero más relajado todo su cuerpo, entre en el sueño hipnótico, imagínese que en ese pequeño barco velero hay una escalera con 10 escalones, y usted va descender poco a poco, peldaño a peldaño y paso a paso se relaja más profundo, voy a contar del 10 al cero y usted bajara y se relajara mucho más profundamente con cada paso con cada peldaño, 10 baje, respire más profundamente, y siga bajando mientras más se relaja, paso a paso, 9 . . .8 más y más siga cada peldaño, . . .7 más se relaja mucho más, cada vez, siga con el relajamiento profundo . . . 6 . . .5 y más se relaja cada vez que baja se relaja más su cuerpo de la cabeza a los pies, 4 más y más todo su cuerpo se entrega al relajamiento profundo 3 . . . 2 . . . y uno completamente relajado su cuerpo, usted disfruta se siente bien, bien pero bien relajado . . . súper relajado de arriba abajo por dentro y por fuera, profundice más y más duermaseeeeeeeeeeee. Y ahora disfrute de ese relajamiento, y prepárese para la terapia que usted necesita, le voy a dejar por unos segundos y en cuanto yo le vuelva a hablar usted se relajara más y más en sueño hipnótico . . .[10 segundos después] cualquier terapia se puede aplicar en este momento . . . Ejemplo :

Terapia para el dolor.

Concéntrese en el dolor, donde se encuentra y de qué color es, dígame el color usted puede hablar perfectamente, bajo hipnosis, de qué color es ese dolor, es color oscuro, muy bien imagínese que lo puede cambiar de color con el poder de su mente, hágalo cámbielo, su mente es muy potente, hágalo ahora cámbielo, de un color claro como azul bajito, claro o "baby blue", respire profundamente y cambie el color, dígame cuando lo haya cambiado, ya está de color azul bajito, muy bien ahora quiero que respire otra vez profundamente, e imagine ese dolor de color azul, como un globo e ínflelo con un gas más ligero que el aire, como el helio y amárrelo con un hilo, ya que lo haya inflado, deje que el globo flote libremente en el aire, respire nuevamente, y deje que se vaya el globo, que se vaya su dolor de color azul, si deje que se eleve, su dolor se va, respire, respire vea que se va el globo, que se eleva se va el dolor de usted, respire una vez más y abra los ojos, observe como se va, se aleja el dolor de color azul, se va, se va, véalo, se ha librado del dolor. Respire otra vez y ya su cuerpo sin dolor.

Inducción # 2

Parado [a] recargado su cuerpo en la pared de una alberca e imagínese que está usted en esa alberca sin agua una fosa de alberca completamente vacía, usted empieza respirando profundo 3 veces más profundamente, pero más y más disponiéndose a relajarse y entrar en el sueño hipnótico, se siente cómodo vestido como usted se siente bien, su traje de baño favorito, de su color preferido, se dispone a relajarse, con tranquilidad y calma, respire, respire profundamente, mientras el agua de la alberca empieza a mojarle suave y lentamente sus pies, poco a poco, y cada vez más, más y más, el agua tibia y agradable, que le invita a relajarse, cada vez más, mientras el agua sigue subiendo, y le va relajando más y más, como nunca lo había estado, usted disfruta del momento y se relaja de los pies hacia arriba, mientras sigue subiendo el agua mojando su piel, y al hacerlo se relaja por dentro y por fuera, cada vez más, respire más profundamente, más y más, relaje todo su cuerpo más, mucho más, maaaaas y más, de abajo hacia arriba, todas las partes de su cuerpo por donde va mojando el agua se relajan con ayuda del agua y de la respiración y su imaginación, más se relaja entre más sube el agua y más se relaja con el sonido del agua al ir subiendo de nivel, más profundamente logra relajarse, su cuerpo se relaja completamente con la suave humedad del agua, el agua llega ya hasta las rodillas y por dentro y por fuera, sus músculos, venas, arterias, los huesos tibia y peroné, se relajan profundamente, sigue subiendo el nivel del agua, medio muslo, el agua tibia cada vez le acaricia más y le ayuda a profundizar en el relajamiento, y el agua sube más y se relaja también más, llega a la cintura y todos los órganos internos se sienten muy pero muy relajados, más y maaaas súper relajados, de adentro hacia afuera, el agua llega al pecho y usted ya se relaja completamente, también profundamente por dentro y por fuera, respira y profundiza el relajamiento todo usted entra al maravilloso mundo de la hipnosis, se siente muy, muy relajado de adentro y de afuera, respire, voy a contar del uno al diez y usted se va relajar 10 veces más profundamente, respire un vez más, uno más se relaja de todo el cuerpo, dos más y más, 3 más relajados todos los músculos nervios y demás partes del cuerpo, 4 más . . . 5 . . . 6 súper relajado todo usted, respire profundamente, se acerca al relajamiento total, 7, más y más, 8 . . . 9 el máximo relajamiento, está gozando usted, . . . 10 relájese completamente.

Sigue la terapia después de unos segundos . . . empieza esa terapia y Este caso es para la decidía.

TERAPIA PARA LA DECIDIA. escúcheme una vez más, de hoy en adelante usted realiza todos sus proyectos en el tiempo que los desee, ya se terminaron las excusas ya evita los retardos y los obstáculos, hoy usted sabe y se dedica con ahincó, a lograr sus metas y cumplirlas atinadamente, ya tiene la energía y la capacidad, de lograr sus metas, tiene la fuerza y mentalidad de hechos de logros, respire, su cerebro tiene esa capacidad y usted la aprovecha muy bien, de hoy en adelante, resuelve y cumple apropiadamente con cada fecha y cada proyecto desde hoy usted es un hacedor de hechos, un triunfador, respire y recuerde que de hoy en adelante, su cuerpo obedece al cerebro como debe de ser, se sincronizan debidamente y funcionan a la perfección.

Prepárese a respirar tres veces muy profundamente y a abrir los ojos después sintiéndose maravillosamente, súper capaz de ser verdaderamente una persona de hechos, con seguridad y plena confianza, en todo lo que emprenda. Despierte uno . . . dos . . . y tres. Chasquido con los dedos para que lo haga.

INDUCCION # 3

Y ahora respire profundamente, siéntase cómoda, [o] imagínese un lugar, muy especial para usted, puede ser un parque, un rio, un lago, u quizás una playa, visualícese en ese lugar, preferido para usted, en su ropa preferida, con la cual usted se siente muy cómoda, y empiece a relajarse a dejar que las tensiones salgan de su cuerpo, poco a poco, déjelas ir, imagínese que salen al soltar el aire al expirar, después de cada respiración, el aire le ayuda a sacar todas las tensiones de su mente de su cuerpo disfrute del lugar ese que le gusta mucho, concéntrese en relajarse profundamente, de la cabeza a los pies, como nunca lo ha hecho, respire y relájese y cada vez que escuche la palabra respirar usteeeed se relaja más y más con la ayuda de sus signos vitales, más mucho más, todo el cuerpo se relaja, se siente bien de estar en ese su lugar favorito, disfrutando del ambiente tranquilo, su mente también se relaja y también su cuerpo, muy pero muy relajado todo el cuerpo, con cada momento y se siente tan bien al estar en su lugar favorito, dejando salir las preocupaciones, las apuraciones, suelte los músculos, los nervios, sus tendones, sus arterias, sus venas, y cada parte, cada órgano cada célula, se relajan y sigue respirando, cada vez más profundo, sigue saliendo la tensión, quizás usted camina en ese lugar o disfruta estar sentada en su lugar especial, más se relaja con cada movimiento, relajéese, mucho más como nunca lo había hecho, toda su bello cuerpo se destensiona apropiadamente y completamente desde la parte más alta de su cuerpo que es la cabeza hasta la parte más baja que son los pies, y por dentro de su cuerpo se relaja igual muy profundamente, sintiéndose súper bien en perfecto control de su propio cuerpo y de sus emociones, más y más se relaja respire, saque la tensión toda la emocional y la física, en ese su lugar favorito, deleitándose en su ambiente que tanto le agrada, sienta los latidos de su corazón, el ritmo de la respiración, relajándose más y más cada vez, relajeseeeee, toda usteeeed, siéntase plena con una paz interior que le da placer y control, más respire y relájese hasta la más pequeña célula de su cuerpo, la piel le sirve para que salga la tensión las preocupaciones, usted se libera de todas y cada una de esas cosas que le molestan, su cuerpo responde perfectamente al relajamiento y lo hace más profundamente, imagínese oliendo su perfume favorito, y este le ayuda a profundizar cada vez más, reeeeelajese, su aspecto físico le deleita, se siente segura y se quiere cada vez más, mientras sigue profundizando en el relajamiento muy pero muy relajada, respire, respire más y maaaas, se siente maravillosamente en ese lugar favorito de usted, disfruta de su condición de mujer, se relaja y respira cada vez para relajarse más profundo, como mujer se siente cada vez más segura y autentica, y más se relaja con los latidos de su corazón, su ritmo respiratorio, súper relajada respire otra vez y relajase.

Voy a contar hasta el número 10 y con cada número usted se relajara más y más, 10 veces más profundo, 1 . . . más profundo. 2 . . . mucho más 3 . . . Se relaja con cada palabra, súper profundo . . . relájese más y más, . . . 4 . . . 5 . . . si más cada vez mucho más, se siente de maravilla . . .6 . . . continua cada vez más su relajamiento en ese su cuerpo de mujer autentica, . . .7 . . . Y . . . y 8 más profundo es su relajamiento. 9 . . . y 10 muy relajada de la mente y del cuerpo, sintiéndose maravillosamente femenina, deliciosamente, mujer. Diiiisfrute de ese relaaaajamiento y ahora después de unos segundos seguiremos con la terapia.

TERAPIA PARA LA MALA MEMORIA.

Usted de ahora en adelante siente que su cuerpo, está en mejores condiciones físicas y mentales, y su memoria se acrecienta, se afina usted de ahora en adelante tiene y conserva la habilidad de recordar lo que se proponga, su mente su cerebro tiene la capacidad de acordarse de lo que usted desea, respire profundamente, la memoria suya mejora constantemente, sus neuronas son más eficientes para recordar lo que se proponga, de hoy en adelante, sus neuronas trabajan en perfecta sincronía, en equipo, como debe de ser y usted ingiere los elementos necesarios para que su cerebro se alimente apropiadamente, azúcar y oxígeno, de fuentes naturales orgánicas se alimenta muy bien cada día de hoy en adelante. Respira profundamente y hace ejercicio, para hacerlo bien y disfruta de los alimentos que le dan vigor y buena nutrición y todo su cuerpo y su salud mejoran completamente y su memoria se agudiza y de hoy en adelante recuerda cada detalle de lo que le pasa, se siente súper bien respire tres veces, profundamente y su memoria, será una súper memoria, y prepárese a salir de ese relajamiento, para seguir disfrutando de su memoria mejorada de hoy en adelante. 1 . . . 2 . . . 3 . . .4 . . . Suave y lentamente despiértese, sintiéndose bien súper bien de la mente y su memoria, 5 . . . 6 . . . 7, despierte de hoy en adelante tiene la habilidad, de disfrutar de recordar atinadamente.

INDUCCION Y TERAPIA PARA RESENTIMIENTOS [CANCER] # 4.

Siéntese, cómodamente, cierre sus ojos, deje descansar sus brazos sobre sus piernas, acomode su cabeza en una posición cómoda para usted, respire profundamente desde el fondo de sus pulmones exhale suavemente, vuelva a respirar y perciba un olor muy agradable para usted, puede ser el de su perfume favorito, desde este momento cada vez que usted respire sentirá ese suave y agradable aroma, relajándose profundamente, sienta como sus parpados se ponen pesados tan pesados que usted no los puede abrir, ya que todos los músculos alrededor de ellos están completamente relajados, sintiéndose usted muy a gusto, ese relajamiento continua por toda su cara, sus oídos . . . mejillas . . . nariz boca . . . baja por su cuello hasta llegar a los hombros haciendo que los huesos y músculos de estos se aflojen y se relajen profundamente . . . ahora siente todos los músculos del estómago relajados, igual su cadera . . . las piernas . . . pantorrillas . . . tobillos . . . sus pies y sus dedos se encuentran agradablemente relajados profundamente relajados . . .

Ahora imagine que está mirando el cielo; un cielo limpio de un azul precioso con unas cuantas nubes blancas adornándolo como si fueran bellas flores, está usted en una hermosa playa, vestido[a] con la ropa que siempre quiso ponerse, sentado en la arena suave como talco con ligero y cómodo calorcito que le relaja cada vez más, escuche el suave murmullo de las olas que le invitan a relajarse profundamente, el aire acaricia su cuerpo moviendo ligeramente su pelo, y permitiéndole relajarse más ... y maaaas ... profundamente relajado ... Siga sentado frente al mar observe las gaviotas con su suave volar como van y vienen una y otra vez, y otra vez, le están ayudando a relajarse más y más, el sol empieza a acariciar su cuerpo con un sabroso y rico calorcito, el cual le produce un poco de sueño haciéndole sentirse muy pero muy tranquilo y contento, completamente relajado.

Quítese los zapatos, ahora con sus pies descalzos permita que las olas del mar jueguen con ellos, mojándolos agradablemente el agua esta tibia, y esa tibieza recorre todo su cuerpo, dejando en cada parte del mismo salud, amor, seguridad, tranquilidad, bienestar y felicidad, empieza subiendo por los pies, por sus pantorrillas relajándolas agradablemente, sube por sus piernas ... su estómago ... sus brazos ... su cuello y llega a toda su cabeza, y sigue sintiendo como cada célula de su cuerpo cada órgano cada músculo de cada hueso ha quedado esa salud, amor, seguridad, tranquilidad, bienestar y felicidad, siente su cuerpo cómodamente pesado siente que se hunde un poco en la arena muy relajado completamente relajado, permita ahora que esa suave ola llegue a todo su cuerpo cubriéndolo al mismo tiempo con esa agradable sensación del agua limpiando todo su cuerpo por fuera y por dentro, sienta usted sus órganos relajados limpios de toda impureza, de todo malestar. Sintiéndose más saludable que nunca. Siga escuchando el suave murmullo de las olas penetrando a cada poro de su piel, relajándole más y más cada vez ... ahora escriba su nombre en la arena, obsérvelo un momento, y con su mano empiece a borrarlo letra por letra y a cada letra que borre diga yo me perdono de todo mal causado, yo me quiero, yo soy feliz, yo soy saludable, ahora escriba el nombre de la persona o personas que le han hecho daño, empiece a borrarlo repitiendo yo te perdono y me perdono, yo te quiero y me quiero, deseo lo mejor para ti y para mi ... relájese más y más cada vez sintiéndose mejor y mejor, de ahora en adelante no sentirá rencor con nadie, sentirá que cada día que amanece usted se quiere y perdona a quien alguna vez le causó daño ... respire profundamente repita, me quiero y quiero a los demás, me perdono y perdono a los demás ... respire una vez más abra sus ojos sintiéndose Tranquilo, Feliz y Saludable ...

NOTA: en este momento se despierta a la persona si aún no ha abierto los ojos, pidiéndole que habrá sus ojos, sintiéndose de una manera más positiva y recordando absolutamente todo. [Esta inducción la terapia está incluida.]

INDUCCION PARA EL INSOMNIO # 5.

Cierre los ojos y respire profundamente, exhale suavemente, hágalo de nuevo respirando profundamente exhalando suavemente, permítase relajar profundamente todo su cuerpo.

Ahora imagínese mirando al cielo, un cielo muy azul y un conjunto de nubes muy blancas están formando su nombre, poco a poco el aire va disolviendo su nombre, por un momento olvídese de su nombre y relájese cada vez más en dirección a un sueño tranquilo y profundo.

Enfoque su atención en sus rodillas relájelas así como sus pantorrillas, sus tobillos, sus pies, los dedos de sus pies uno a uno empiece por el pequeño hasta que estén completamente relajados, relaje sus muslos aflojándolos hasta que sienta que estos están completamente apoyados en la silla, completamente relajados, relaje su cadera, su cintura sienta como estas se van aflojando sintiendo una completa y satisfactoria relajación, deje relajar su pecho sienta su respiración, profunda suave y pausada, permita que los músculos de los hombros se sientan pesados y relajados y cómodos, más y más relajado todo su cuerpo sintiéndose usted muy cómodo[a] y tranquilo, sienta como su cuello su garganta y su cabeza se ha relajado, su cabeza se ha aflojado tanto que la siente completamente relajada, los músculos de su cara se han relajado suavemente, su mandíbula floja y relajada sus dientes no se tocan entre sí, sus parpados están pesados tan pesados que no los puede ni quiere abrirlos, sintiéndose usted con muchas ganas de descansar.

Ahora imagínese que todas sus dudas, tensiones, sus miedos y preocupaciones van desapareciendo; déjelos salir a través de su cuerpo sienta como se resbalan en su cara a través de sus hombros, por su pecho, su cintura, sus caderas siguen resbalando por su estómago llegan a sus muslos y siguen resbalando por sus rodillas llegando a sus pies siguen resbalando suavemente saliendo de su cuerpo, a través de sus dedos, sienta como todas sus preocupaciones dudas, miedos, angustias han salido de su cuerpo, permitiéndole relajarse más y más profundamente relajado todo su cuerpo, mi voz la escucha cada vez más lejana, lejana como un murmullo que le arrulla cada vez más, sintiendo todo su cuerpo soñoliento queriendo descansar, dormir profundamente el sueño tranquilo y reparador envuelve todo su cuerpo haciéndole descansar completamente, descanse, descanse duerma, duerma profundamente, despreocupadamente, tranquilamente duerma . . .

De aquí en adelante todas sus noches serán tranquilas y su sueño será un sueño reparador para su salud y tranquilidad.

INDUCCION # 6

Permítame ayudarle a relajarse suave y continuamente, respire suave y lentamente, concéntrese en relajarse, con su respiración y los ruidos de afuera y de adentro le ayudan cada vez a relajarse más profundamente, como nunca lo había hecho y lo logra poco a poco, porque usted lo necesita y lo desea y le conviene con cada palabra, se relaja más y más, mucho más con los latidos de su corazón, también la respiración le sirve para que se relaje más completamente, de la cabeza a los pies, muy, muy proooffuuuundamente se relaja cada parte que le forma, el pelo, la cabeza, la cara, la nuca, el cuello y los órganos internos también se relajan, mucho, mucho más con mi voz, se concentra apropiadamente para lograrlo, con la ayuda de mi voz y los latidos de su corazón, si más, se relaja, mucho más el pecho las costillas, los pulmones, los bronquios, la espina o columna vertebral y cada una de las vértebras, se relajan cada vez más en forma descendente, usted se acerca cada vez más al relajamiento, lo hace muy bien, sigue bajando por la cintura y todas las viseras internas también se relajan, mas y maaas, súper se relaja, por dentro y por fuera, escuche mi voz, que le ayuda a relajarse profundamente, se ha relajado hasta las piernas y continua bajando hasta llegar a los pies y cada uno de los dedos, respire más profundamente siga concentrándose más y más, su relajamiento es cada vez más profundo, y placentero, se siente muy bien sentirse relajado, con ayuda de mi voz, y de los ruidos del exterior, con los ruidos de su respiración, de su corazón, siga más profundo, mientras más usted se relaja mucho mejor, para alcanzar la perfecta armonía entre todas las partes de su cuerpo, el sistema óseo, todos los órganos trabajan mucho mejor entre más se relaja, ahora quiero que se imagine un pizarrón de color verde oscuro donde usted puede escribir, y escribe las letras del abecedario una por una dentro de un circulo, respire más profundamente, escuche mi voz haga lo que le dice mi voz, ahora borre cada una de las letras y el circulo también, al irlas borrando usted se relaja mucho más profundamente, más, mucho maaaaaaas, borre la A, después la B, y siga relajándose más profundamente, la C, D, más respire, y relájese también al mismo tiempo que las borra su cuerpo penetra más en el relajamiento, la F . . . la G . . . H . . . I . . . más se relaja, . . . La J . . . más y más, la K . . . L . . . M . . . profundamente más relajado [a] N . . . O . . . P . . . Q . . . mucho más le llega el relajamiento, se siente usted muy bien, por dentro y por fuera, todo relajándose profundamente . . . R . . . S . . . T . . . Y aún más se relaja, . . . U . . . V . . . X . . . Y . . . Y finalmente borra la Zeta, muy relajado se encuentra usted, completamente relajado gozando del sueño hipnótico, más y más profundo se relaja con mi voz y con los ruidos de la respiración . . . le dejo unos segundos, y cuando le vuelva a hablar, se sentirá aún más relajado y listo para la terapia . . .

TERAPIA PARA LA SOLEDAD Y LA INCOMPRENSION.

Y ahora respire una vez más y concéntrese, en mi voz, y de ahora en adelante se sentirá comprendido, se sentirá respetado, se sentirá acompañado de sus amistades de su familia, usted de ahora en adelante irradia un magnetismo muy personal, que todos en su familia lo notaran, de ahora en adelante siempre será tomado en cuenta. Oportunamente usted se sentirá querido, y todos le tendrán paciencia en todo lo que usted realiza, su mente le ayuda de hoy en adelante, trabaja para sentirse bien, donde quiera que se encuentre, dentro o fuera de casa, de viaje, en cualquier parte del mundo se sentirá bien con la familia y su familia con usted, se siente seguro y disfruta de la compañía de cada miembro de la familia, los cercanos y los lejanos usted se siente bien, irradia respeto y armonía entre los suyos, es usted el centro de la comprensión, y del bienestar de la familia y le encanta serlo con mucha seguridad y muy positivo de hoy en adelante . . . prepárese a despertar, poco a poco sintiéndose de maravilla, sabiéndose respetado y querido, por todos y especialmente por su familia, contare del uno al 9 y usted se despertara, lentamente sintiéndose positivo y seguro, 1 . . . 2 . . . poco a poco . . . prepárese a abrir los ojos suave y lentamente, . . . 3 . . . 4 . . . 5 más alerta y despierto, muy alerta . . . 6 . . . 7 . . . y 8 despiértese . . . 9 se siente de maravilla lleno de respeto entre los suyos y por los suyos . . . de hoy en adelante, respire hondo y profundo, muy positivo y con mucha seguridad. Bien a disfrutar de la vida de ahora en adelante y de la familia.

INDUCCION # 7.

Prepárese a relajar su cuerpo y su mente, con mi ayuda, escúcheme claramente, quiero que usted, se imagine se visualice en un lugar de la naturaleza como un bosque, lleno de pinos y de otras especies de árboles, un lugar especial para usted, respire profundo, más profundo, suelte todos sus músculos, permita que se relajen, mientras usted disfruta de un paseo en ese bosque lleno de árboles, arbustos de diferentes clases, veredas o caminos, relájese más y más con cada una de sus respiraciones, sienta el olor a pino, los cantos de los pájaros, de las ardillas, que suben y bajan de los árboles, aquí y allá, usted se relaja con mi voz y con los ruidos naturales de ese mágico lugar, llamado bosque, lleno de naturaleza, con mucha vegetación, y usted se identifica con el lugar se siente parte de él, siente el calor del sol de la ligera brisa, lo disfruta bien, y camina paso a paso, viendo todo lo que acontece en su mágico bosque, respire profundamente con toda la capacidad de sus púlmones, ese aire con mucho oxígeno, que le sienta muy bien y le ayuda a desintoxicar sus bronquios sus alveolos, a purificar su sangre, respira profundo y completamente a toda su capacidad, sigue caminado, observando todo a su alrededor, admirando la naturaleza, todo lo que ve, y se aproxima a un lugar, alto donde puede ver un gran valle a lo lejos, con un caudaloso rio, usted se siente bien y respira cada vez más profundo, toma un ligero descanso en su caminar y se sienta en una piedra plana, a ver el panorama que se le antoja para una foto, y lo hace toma fotos de todo lo que le gusta, de los pájaros de las ardillas, de las mariposas, en este bosque tranquilo que le permite por esa quietud relajarse plenamente, de todo usted su mente y su cuerpo al unisonó se relajan con tanta belleza, mientras usted sentado en la piedra plana, empieza a sentir más el calor del sol, disfrutando a toda su capacidad, cada momento, cada segundo, y respira más aún más profundo y más usted se relaja en esa piedra, con el calor agradable del sol, ahora se recuesta, y siente relajarse más profundamente todas y cada una de las partes de su cuerpo, como si fuera una barra de mantequilla, se relaja, con ese calorcito solar, se relaja más y más al respirar plenamente, se derrite, siente ese calor agradable más intenso, siempre agradable, y se derrite, sacando toda la tensión mental y física, siente como su cuerpo se desparrama, en la piedra plana, se funde, se derrite agradablemente, oh! Sí que lo disfruta, se relaja como la barra de mantequilla de soya, toda la tensión acumulada a través de los años, se va de usted, se aflojan todos los músculos, se sigue derritiendo, más y más, y completamente toda las preocupaciones se desvanecen, con ayuda de la naturaleza del bosque de los pájaros de las ardillas y de cada árbol. Del paisaje con su respiración, en esa piedra plana donde usted descansa, plenamente relajado por dentro y por fuera, al mismo tiempo que se sigue derritiendo, se carga de energía de ese bosque paradisiaco, uff! Se relaja, más y más total y completamente y con ello usted se siente liberado de cualquier tensión, se derrite más y más hasta que queda desparramado en esa piedra donde usted descansa, gozando del calor sabroso que le permite ese relajamiento total y completo . . . si más completo, ha logrado el más completo de los relajamiento, felicidades lo ha hecho perfectamente bien, ya se liberó de las tensiones, físicas y emocionales, vuelve a tomar su forma física y se regresa a casa con la plena seguridad que le da, haberse quitado un peso de encima con este hermoso relajamiento . . . disfrútelo si más y más y en cada momento que se sienta con tensión recordara el bosque y se relajara, de hoy en adelante . . . respire hondo y profundo . . .

INDUCCION # 8.

Esta inducción me trae gratos recuerdos porque por muchos años la he usado, se trata de subir una montaña, empezamos recuéstese y respire profundamente ayúdese mentalmente, prográmese y dígale a su cuerpo que se relaje todo completo, deje salir la tensión, de la cabeza a los pies, poco a poco, más y más, relájese, y siempre respire profundo, que los pulmones se llenen a toda su capacidad, si siga respirando todo el tiempo profundo y más profundo, la tensión sale por su expiración o exhalación, se descarga usted de la tensión se limpia todo, se sale la tensión y se siente mejor, se relaja más mucho más con cada palabra que escucha, con esa su respiración, y ahora quiero que se imagine en un lugar plano cerca de una montaña y usted se visualiza preparándose para subir la montaña paso a paso lentamente y cada vez con más energía, voy a contar del uno al diez y usted estará bien profundamente relajado de la cabeza a los pies, al llegar al diez, con cada ruido externo o interno usted se relaja más y más con mi voz y con su mente que siempre le ayuda, que siempre está lista para ayudarle, respire otra vez profundo, súper profundo como ya antes lo había hecho, ahora usted llega al relajamiento más rápido, parecido como cuando se acuesta a dormir, si relájese más, y siga respirando profundo y ahora si empiezo a contar para relajarse súper profundamente, uno . . . dos . . . más y más se relaja . . . tres . . . cuatro sale la tensión . . . tiene mucho sueño . . . cinco . . . se relaja, se sigue relajando . . . toda la tensión se sale, se siente tranquilo y calmado . . . seis . . . mucho más, relájese . . . siete . . . se siente muy relajado todo su cuerpo, con cada palabra y con el conteo también . . . ocho . . . nueve . . . diez respire pausadamente y entre en ese profundo relajamiento, y ahora si se dispone a subir la montaña a conquistarla completamente y hace un poco de ejercicio ligero para empezar a subir, poco a poco y con mucha seguridad, con una mente y pensamiento cien por ciento positivo, si ya empieza a subir y al hacerlo usted está venciendo su traumas, sube y sube, esta montaña mide como 500 metros del pie hasta la cima, usted sube cada vez más seguro, venciendo los obstáculos, las piedras grandes, la piedra suelta, los animales que habitan regularmente ahí, en esa montaña, como víboras de cascabel, tarántulas, y alacranes, si usted los evade con tal de subir de uno por uno, vence cada obstáculo, esos animales, representan sus traumas, complejos, miedos, continua sube y sigue subiendo, con esfuerzo y sintiéndose bien porque al hacerlo se vence así mismo y se da cuenta que usted es una persona muy valiosa, de hoy en adelanté vence los obstáculos de la vida, mientras sigue subiendo la montaña ya ha subido cien metros y le quedan cuatrocientos, y usted no se amilana saca fuerzas de la mente, porque usted se alimenta ya sanamente con muchas cosas crudas que es la verdadera alimentación, sigue subiendo venciendo la indisciplina, la desidia, complejos del pasado y del presente, de la gula, le faltan doscientos metros más usted sigue y sigue cada vez más cerca del objetivo, vence todo lo malo que le acontece los problemas físicos y emocionales, se desintoxica por medio del sudor al subir la montaña, venciendo cada circunstancia negativa de su vida usted ya es una persona ecuánime centrada balanceada cuando platica, cuando escucha y sigue conquistando su montaña, evadiendo los animales de esa su montaña y cada obstáculo, le faltan ya como veinte metros respira hondo y profundo, y se dispone a conquistar la cima de la montaña para poder observar el horizonte de la montaña y de su vida también el porvenir que de ahora en adelanté se ve promisorio porque usted se ha empeñado en vencer cualquier problema de la montaña y de su vida de ahora en adelanté, por fin llega a la cima y se siente triunfador, levanta las manos, en señal de triunfo, y del placer de haber vencido, y grita lo hice, si pude y de hoy en adelante podrá en todo lo que se propongo hallara siempre la forma de vencer y realizar todas sus metas sus proyectos y vencer a todo lo que le ha evitado en el pasado lo que lo ha bloqueado sus ansias de ser un hacedor, . . . se siente con vigor y mucho entusiasmo para todo su futuro de hoy en adelante, . . . respire y disfrute del momento de haber vencido cada uno de los problemas llamados obstáculos que se le presentaron en esa su montaña que es, su vida y se siente maravillosamente, increíblemente bien cien por ciento positivo y seguro en toda su vida de ahora en adelante, . . .

Y ahora respirando profundamente tres veces seguidas, se prepara a despertar de ese sueño hipnótico con nuevos bríos, energía de la montaña que al vencer todo usted también se cargó de energía positiva y mucha seguridad., respire tres veces y después abre los ojo, lentamente . . . bravo lo hizo bien . . .

INDUCCION # 9.

Veamos ahora como usted se siente, recargué completamente su espalda en el respaldo del sillón y escúcheme atentamente, empezamos, si respire lo más profundo que usted en este momento pueda hacerlo, muy profundo y a la vez suavemente, sus pulmones se llenan a la capacidad máxima, su sangre se carga de ese elemento tan importante que es el oxígeno, está usted relajándose cada vez más con cada una de sus respiraciones, visualícese en un atardecer, presenciando como el sol se va ocultando, poco a poco y le invita a relajarse, entre más se oculta el sol usted se relaja muy profundamente tiene mucho sueño, mucho sueño, y continua respirando, más y maaas profundo entrando en el relax de toda[o] usted, y sigue aprovechando ese atardecer, en una playa con muchas palmeras, una arena finísima, un calorcito que recorre todo su cuerpo desde los pies hasta la cabeza, relajándose aún más, con cada sensación, con los ruidos de las olas que van y vienen, con los aleteos de las gaviotas de los pelicanos que también se retiran a dormir a descansar, alguno que otro cangrejo que vaga por la arena y que también se retira el mar, se siente bien ese calor de la arena en sus pies que juguetean con ella, una arena fina y muy blanca, que le hace oír los latidos del corazón acompasado, relajándose también y todas las partes de su cuerpo le siguen en el relajamiento, respira y respira más, cada vez, más profundo, con cada una de sus respiraciones en esa playa llena e impregnada de olor a mar, en ese atardecer, y el sol sigue descendiendo, se oculta cada vez más, y a la vez usted siente su energía, que le invita tenazmente a entrar, mentalmente a su cuerpo a ver cada uno de sus órganos relajándose, completamente, con las respiraciones profundas, la paz y tranquilidad, de su playa, nubes muy pocas, usted relaja todos y cada uno de sus músculos, mientras su pies tocan esa fina arena, sus huesos, sus nervios, todo el sistema nervioso central, su corazón late a su ritmo normal, su ritmo respiratorio es también normal, todos sus tejidos, sus órganos, sus glándulas, pituitaria, pineal, tiroides, timo, glándulas adrenales, y gónadas [ovarios en la mujer, testículos en el hombre] se relajan usted lo presencia le gusta esa sensación de relajamiento total de su cuerpo, más y maaaas se relaja con la armonía y la tranquilidad de la playa, sus vertebras cada una de ellas, se entregan al relajamiento profundo, más y más, si más y maaas, todo su cuerpo, profundo, profundo, de pronto siente, la energía acumulada en la arena, mientras el sol, apenas visible se sigue ocultando, y esta energía es como un rayo, que entra por el centro de su cabeza, por lo más alto, tonificando su cerebro y todas y cada una de las partes que le forman su sistema nervioso central, en forma descendente va cargando cada parte de su cuerpo, limpiando desintoxicándose todo desde la cabeza hasta los pies y la respiración continua acompasada lo mismo que los latidos de su corazón, la sensación de sentirse bien le invade, causada por la energía del sol, de la arena, se limpia se relaja más, con esa luz con esa energía, todas sus células, cada una de cada tejido, de cada órgano, si usted ha llegado al más profundo de los relajamientos y se siente muy bien disfrútelo . . . cada vez más . . . respire tres veces y usted estará preparada [o] para la terapia que necesita, descanse . . . y cuando yo le vuelva a hablar, usted recibirá . . . la terapia . . . especialmente hecha para usted . . .

INDUCCION # 10.

Siéntese estire su cuerpo, sus brazos sus piernas, estire su brazo derecho y la pierna izquierda y relájese. Ahora estire el brazo izquierdo y su pierna derecha y relájese. Ahora estire ambos brazos y ambas piernas . . . y relájese. Afloje su pierna y brazos en una posición descansada y cómoda y cierre los ojos.

Para tomar una respiración "de globo", inhale por su nariz y vea un globo viniendo hacia usted. Para exhalar una respiración del globo, exhale por su boca y sople el globo hacia afuera. Y cuando llegue a su lugar favorito, recuerde estar muy tranquilo[a] y callado[a]. Ahora vea ante usted un globo rojo. Tome una respiración de globo por su nariz; vea el globo rojo venir hacia usted. Ahora exhale el globo rojo, soplando hacia afuera con su boca. Vea ante usted un globo anaranjado. Tome una respiración de globo por su nariz, vea el globo venir hacia usted. Ahora exhale el globo anaranjado, soplando hacia afuera con la boca. Vea un globo amarillo. Tome una respiración de globo y vea el globo amarillo venir hacia usted. Ahora quite el globo amarillo soplando. Vea un globo verde. Tome una respiración de globo y vea el globo venir hacia usted. Ahora quite el globo verde soplándolo. Vea un globo azul. Tome una respiración de globo y vea el globo azul venir hacia usted. Ahora quite el globo azul, soplándolo.

Ahora inhale y vea el número 10. Contenga la respiración y vea el 9. Exhale y vea el 8. Inhale y vea el 7. Contenga la respiración y vea el 6. Exhale y vea el 5. Inhale y vea el 4. Contenga la respiración y vea el 3. Exhale y vea el 2.

Ahora vea el numero atado a un globo color purpura. Mantenga agarrado el 1 y sóplese a sí mismo a su lugar favorito. Su lugar favorito puede ser cualquier lugar que quiera. Este puede tener cualquier cosa que quiera, ya que es su lugar, su propio lugar. Dejare de hablar durante 30 segundos mientras se sopla a sí mismo a su lugar favorito. Cree y vea su lugar favorito . . .

[Haga una pausa de 30 segundos] . . .

Tome una respiración de globo y se sentirá magnifico. Se relajara más en su lugar favorito. Cuando quiera recordar algo, tome una respiración de globo y vea la respuesta tras de sus ojos. Para tener control de sí mismo, tome una respiración de globo. Hará cualquier cosa que cree que puede hacer. Dese a sí mismo un abrazo por ser una persona especial. Ahora envié un abrazo mental a alguien especial.

[Haga una pausa de 3 segundos]

Ahora está aprendiendo como visualizar de forma tal que pueda ser más efectivo al utilizar su mente para cualquier propósito deseado.

Ahora es tiempo de salir de su lugar favorito y de ir a una silla especial donde practicara una visualización. Para salir ahora, tome una respiración de globo por su nariz. Vea un globo blanco sus rayas favoritas en él. Manténgase en el globo blanco a rayas y sople hacia atrás. El globo rayado está en una silla grande y cómoda. El globo lo está poniendo a usted en la silla. Ahora aléjese del globo rayado y véalo flotar e irse.

Ahora examine la silla en la que está sentado. Es una silla suave de terciopelo azul. Véala. En los brazos de la silla hay controles de botones especiales. Presionando estos botones puede lograr que sucedan ciertas cosas como lo verá en unos pocos momentos.

Quiero que presione ahora el botón del brazo izquierdo de su silla. Un tablero cae justo enfrente de usted donde puede alcanzarlo. El tablero tiene un soporte para tiza o gis, el cual contiene un borrador y muchos trozos de tiza blanca. Tómese un momento para estudiar los detalles del tablero.

[Haga una pausa de 2 segundos]

Ahora tome un trozo de tiza y dibuje un triángulo en el tablero. Ahora coloque el número 3 dentro del triángulo. Estudie el triángulo con el número 3 adentro.

[Haga una pausa de 2 segundos]

Tome el borrador y borre el triángulo y el número. Estudie el tablero en blanco.

[Haga una pausa de 2 segundos]

Ahora dibuje un cuadrado en el tablero. Escriba el número cuatro dentro del cuadrado. Estudie el cuadrado con el numero 4 dentro de el durante un momento y luego bórrelo del tablero hasta que desaparezca.

[Haga una pausa de 2 segundos]

Ahora dibuje un círculo en el tablero. Escriba su primer nombre dentro del círculo. Estudie el círculo con su nombre en el. Ahora bórrelo totalmente.

Presione de nuevo el botón y observe el tablero elevarse y perderse de vista.

Está aprendiendo a crear formas y a removerlas a voluntad.

Dentro de un momento voy a pedirle que presione el botón de la mano derecha de la silla. Cuando lo presione, siete balones de colores entraran a su cabeza uno por uno por el lado derecho y pasaran a través de su cabeza justo detrás de sus ojos y luego saldrán por el lado izquierdo de su cabeza.

Presione ahora el botón del brazo derecho de su silla y observe los balones de colores. Un balón rojo entra por el lado derecho de su cabeza. Obsérvelo flotar a través de su cabeza justo detrás de sus ojos y salir por el lado izquierdo de su cabeza.

[Haga una pausa de 2 segundos]

Ahora entra un balón anaranjado. Obsérvelo flotar a través de su cabeza y salir.

[Haga una pausa de 2 segundos]

Ahora entra un balón amarillo; obsérvelo.

[Haga una pausa de 1 segundo]

Ahora entra un balón verde; obsérvelo.

[Haga una pausa de 1 segundo]

Ahora entra un balón azul claro; obsérvelo.

[Haga una pausa de 1 segundo]

Ahora un balón azul oscuro.

[Haga una pausa de 1 segundo]

Y ahora un balón purpura flota a través de su cabeza y se aleja.

Ahora presione el mismo botón otra vez y los balones flotaran rápidamente de regreso a través de su cabeza en orden invertido de izquierda a derecha. Presione el botón.

Aquí viene el balón purpura. Seguido por el balón azul claro. Luego el balón verde, el balón amarillo, el balón anaranjado y ahora el balón rojo.

Ahora todos los balones de colores se han ido. Su mente está aprendiendo a ver los colores vívidamente y a ver los colores cambiar rápidamente.

Ahora quiero que se imagine que tiene un proyector de diapositivas atrás de su cabeza. Puede operar este proyector presionando cualquier botón de su silla. Cuando presione un botón, el proyector de su cabeza proyectara una imagen en una pantalla al frente de su cabeza. Su pantalla puede estar en la parte interior de su frente o puede estar fuera de su cabeza, cerca de un pie de distancia [12 pulgadas] al frente de sus ojos cerrados.

Dentro de un momento, cuando se lo solicite, proyectara una imagen en la pantalla de enfrente de su casa o apartamento donde vive. Usted ha visto el frente de su casa. Sabe exactamente como es. Ahora presione un botón y proyecte la imagen del frente de su casa o de su apartamento. Estúdielo en detalle. Tome nota de todos los colores de la arquitectura, de todas las cosas. Puede llevar la imagen a un foco más claro ajustando el control de enfoque de su proyector.

[Haga una pausa de 5 segundos]

Ahora presione el botón otra vez y proyecte una imagen de su animal favorito. Estúdielo. Note la forma, el color, todos los detalles. Ajuste su control de enfoque de su proyector.

[Haga una pausa de 5 segundos]

Ahora presione el botón de nuevo y proyecte la imagen de alguien a quien ama mucho. Usted conoce bien esa cara. Estúdiela en todos sus detalles. Tómese su tiempo. Ajuste su control de enfoque si lo necesita.

[Haga una pausa de 5 segundos]

Ahora presione el botón nuevamente para apagar su proyector por un momento.

Acaba de experimentar el aprendizaje de cómo proyectar una imagen en su mente.

Quiero que se imagine ahora que hay una mesa de cocina rectangular enfrente de usted. Use su imaginación para crearla. Ahora coloque un mantel sobre la mesa.

Ahora ponga un melón sobre el mantel. Note como la corteza exterior de color beige contrasta con el mantel azul. Coloque un cuchillo grande de cocina sobre la mesa. Tome el cuchillo y corte el melón por la mitad. Examine la pulpa interior del melón, anaranjada y jugosa.

Note el racimo de semillas que está en el centro del melón cortado. Note el contraste de fruta anaranjada y el mantel azul.

Ahora quite el melón y mantel. Coloque un mantel rojo sobre la mesa ahora. Coloque una cabeza de lechuga verde sobre el mantel. Note el contraste entre la lechuga verde y el mantel rojo. Ahora quite la lechuga y el mantel.

Ahora coloque un mantel a cuadros blancos y negros sobre la mesa. Ponga un jarrón con rosas rojas y amarillas en el centro de la mesa. Estudie la escena. Note los detalles. ¿Cuántas rosas rojas hay? ¿Cuantas rosas amarillas? ¿De qué color es el jarrón? ¿De que esta hecho el jarrón?

Ahora está aprendiendo a visualizar imágenes más complejas y analizar sus detalles. Ahora deje que la mesa y su contenido simplemente desaparezcan.

Quiero que imagine que usted está en la pista de carreras. Véase a sí mismo sentado en las graderías. Tiene un buen asiento. Note la gente a su alrededor—enfrente suyo, detrás de usted, a ambos lados.

Ahora mire hacia abajo a la pista de competencia. Hay cuatro caballos de carreras en la pista. Están haciendo cabriolas, haciendo alarde antes del comienzo de la carrera. Un caballo negro solido tiene una manta de silla roja sobre él, con un número 1 amarillo en la manta. Estudie este caballo. Tome sus binoculares de su regazo y enfoque este caballo para tener una visión más clara. Estudie cada detalle.

[Haga una pausa de 5 segundos]

Ahora gire su atención hacia el caballo de color café que tiene la manta de silla anaranjada con un número 2 negro en esta. Estudie este caballo con sus binoculares para una mejor imagen. Analice cada detalle.

[Haga una pausa de 5 segundos]

Ahora dirija sus binoculares hacia el caballo gris que tiene puesta la manta azul con un número 3 dorado en esta. Estudie este caballo cuidadosamente para todos los detalles.

[Haga una pausa de 5 segundos]

Ahora mire el caballo rojizo que tiene puesta la manta blanca con un número verde sobre esta. Estudie cuidadosamente este caballo.

[Haga una pausa de 5 segundos]

Ahora ponga de nuevo sus binoculares en su regazo y mire a todos los caballos en la distancia, véalos hacer cabriolas.

Ahora están alineándose lado a lado para iniciar la carrera. Escoja el que cree que va a ganar.

La señal para iniciar la carrera ha sonado y los caballos saltan hacia adelante en una fuerte carrera. Obsérvelos correr ¿quién va en la punta?

Están dando la vuelta ahora. ¿Cuál es el primero en este punto? ¿Cuál es el segundo? ¿Cuál es el tercero? ¿Cuál caballo está en el cuarto lugar?

Están dirigiéndose hacia el tramo final ahora. Están apiñados en un apretado grupo, cada uno tratando de llegar hacia el primer puesto. Entonces un caballo sale adelante y cruza de primero la línea de meta. ¿Cuál caballo gano la carrera? ¿Fue su caballo?

Ahora deje que los caballos y la pista de carreras desaparezcan de su vista.

Ahora está aprendiendo a crear escenas con acción, color, detalle y complejidad.

Ahora su ejercicio final de entrenamiento de visualización será una escena aún más detallada y compleja.

Respire profundo y relájese aún más.

Se encuentra reposando en una pradera suave y verde con el sol brillante sobre su cabeza. Note las flores a su alrededor. Una brisa suave ondea a través de su cuerpo. Note el pasto y las flores subir hasta cerca de su cabeza. Vea como la brisa sopla suavemente las briznas de pasto hacia adelante y hacia atrás. Huela la fragancia de las flores.

Ahora parece y mire hacia el norte. Vea la majestuosa montaña al final de esta pradera. Viajemos arriba de esa montaña. Hay un riachuelo a su derecha. Inclínese sienta el agua fría. Beba un sorbo de esta agua absolutamente pura, limpia, fría y refrescante. Escuche el ímpetu de los pequeños rápidos en esta corriente burbujeante.

Como el riachuelo parece provenir de la montaña, sigámoslo. Ahora llegamos a un estanque que está a la cabecera de esta corriente. Note lo cálida que esta el agua aquí. Debido a que en este nivel de la mente, todos somos nadadores expertos, nademos. Sienta el cálido sol. Sienta el agua cálida alrededor de su cuerpo a medida que se mueve silenciosamente hacia el agua.

Ahora es tiempo de que continuemos subiendo la montaña. A medida que subimos, escuche el canto de las aves. Huela los árboles de pino. Mire las rocas en el lado a nuestra izquierda. Ahora podemos ver el valle y nuestra pradera, abajo a la derecha, entre los árboles. Ahora estamos a mitad de camino en el ascenso de la montaña. Paremos para descansar sobre la roca de nuestra derecha. Nuestra pradera a plena vista desde aquí.

Ahora es tiempo que continuemos hacia la cima de la montaña. Escuche castañear a las ardillas arriba de los árboles.

La brisa trae el olor de los pequeños árboles de cedro hacia nosotros, a medida que nos acercamos a la cima. Ahora estamos en la cima. Podemos ver un profundo cañon al otro lado. Hay un aviso en la cima de nuestra montaña. Este dice: "Grite las preguntas que más ha querido resolver en el cañon de abajo y vea la respuesta escrita arriba en el cielo". Así que grite su pregunta ahora . . . y vea la respuesta arriba en el cielo. Ahora haga otra pregunta. Vea la respuesta escrita arriba en el cielo.

Ahora es tiempo de que regresemos a nuestra pradera. Vea el sol empezando a ocultarse en las colinas a la izquierda. Si nos apresuramos, podemos dejar nuestra montaña antes de que oscurezca. A medio camino bajando nuestra montaña ahora, y nos detenemos para descansar en nuestra roca nuevamente. Podemos ver el comienzo de la puesta del sol. Empecemos otra vez a bajar la montaña. Escuche el sonido creado por los pequeños animales nocturnos. Pasando nuestra fuente, vemos el reflejo de la puesta de sol en su superficie como de espejo. Nuestra pequeña corriente esta fría y refrescante a medida que pasamos a su lado. Ahora estamos de regreso en la pradera. Tiéndase de nuevo en el pasto. Huela otra vez la fragancia de las flores. Note como el pasto y las flores regresan a su altura original mientras la pradera y la montaña desaparecen lentamente de nuestra vista.

Ahora respire profundo y relájese.

Cada vez que repita esta terapia o la grabe para escucharla cuantas veces quiera, su capacidad para visualizar se volverá más profunda y vivida. También sus visualizaciones llegaran más rápidas y sus imágenes serán más detalladas y completas. Vera todas las cosas en colores y tendrá perfecto control sobre la creación de cualquier imagen mental que desee. Ahora está entrenando su mente para visualizar perfectamente.

Dentro de unos pocos momentos, cuando se despierte, se sentirá muy, muy relajado y estará completamente alerta, con energía, lleno de confianza. Se sentirá maravilloso[a]. Todo lo que tiene hacer para despertar es contar mentalmente hasta el número cinco y a la cuenta de cinco, abrir los ojos, sentirse excelente de la mente y del cuerpo, y listó para retornar a sus obligaciones cotidianas con euforia y con mucha claridad mental, control mental y mucha energía de hoy en adelante . . . 1 . . . 2 . . . 3 . . . 4 . . . maravillosamente positivo y seguro . . . 5 . . . abra los ojos y disfrute de toda su vida, de su familia de su trabajo y cada cosa que usted hace, de hoy en adelante . . .

Cualquier inducción y terapia la puede grabar y escucharla según su necesidad, 21 días seguidos para corregir o mejorar cualquier circunstancia que desee.

13

AHORA VEAMOS UNOS EJEMPLO DE AUTOINDUCCIONES

AUTOINDUCCION # 1, PARA LA DECIDIA.

Yo me dispongo a relajarme, me acomodo tranquilamente, en mi asiento favorito, respiro y me empiezo a relajar con los latidos de mi corazón que late suave y a buen ritmo, como debe de ser, me siento muy bien relajándome de la cabeza a los pies, poco a poco, me imagino en una hamaca en alguna playa, en un lugar con una arena finísima con un sol que me hace sentirme muy bien de mi cuerpo y de la mente, disfruto de esa imagen de esa playa de la hamaca y del aire que mueve mi pelo suavemente, y me invita a relajarme profundamente, con cada movimiento de las olas, con los ruidos de las gaviotas y de las nubes que a lo lejos se mueven lentamente un lugar muy especial, que me hace sentirme igual especial, súper especial y me relajo más profundamente de arriba abajo por dentro y por fuera, de cada célula de mi cuerpo se relaja profundamente, y me siento muy bien más y más, siento mis neuronas más coordinadas con el relajamiento y con cada respiración, profunda que hago, todos mis órganos trabajan en perfecta armonía, entre más me relajo más bien trabaja cada parte de mi cuerpo, maaas profundo alcanzo el relajamiento, sigo respirando más y maaaaas, tengo mucho sueño y lo disfruto descansando en esa hamaca en esa playa, con ese sol radiante que calienta todo mi cuerpo y me carga de energía, del aire que también me da energía, del agua del mar y de las olas que me dan energía con su movimiento, y del contacto de la tierra que me da su magnetismo y me regula todos mis sistemas y mientras yo me relajo, toda la energía del universo la siento y más me reeelajoooo, más y maaas, cada vez más y mucho más, profundamente me relajo con la playa con el agua, el aire y la tierra, mucho más, me siento muy seguro y positivo y dispuesto a dejar la desidia de hoy en adelante cumplo con todas mis metas y mis proyectos, con absoluta certeza y disciplina, de hoy en adelante soy el señor disciplina, dueño de mi tiempo y lo administro de la mejor manera, hago lo que me propongo, y siempre me propongo cosas positivas, dignas de llevarse a cabo y lo hago de hoy en adelante, me siento súper seguro para realizar todos mis planes y proyectos, este relajamiento me da la pauta y energía para realizar cualquier cosa que me propongo de ahora en adelante, mis baterías de realización se han cargado, me siento seguro porque soy el dueño de mi tino no más destino ya tengo tino realizo todo y cada uno de mis proyectos y metas soy un hacedor, me quiero y me aprecio, no espero las oportunidades, yo las hago, respiro 3 veces y todo se graba en mi mente subconsciente, y lo hago perfectamente a través del consciente mi cuerpo es tan solo un robot que obedece a la mente subconsciente, y yo tengo el control de mi mente completa de ahora en adelante, hago lo que digo y digo lo que hago . . . Abro los ojos sintiéndome maravillosamente positivo y seguro, y listo para llevar a cabo todo lo, que me propongo . . . En lo familiar en lo personal y profesional.

AUTOINDUCCION # 2. PARA LA ARTRITIS.

Respiro hondo y profundo, para relajarme de todo mi cuerpo, para entrar al subconsciente, y grabar lo que necesito y después sentirlo y hacerlo conscientemente, me acuesto en mi cama estirando los pies poniéndome cómodo para entrar en el trance hipnótico, poco a poco, me dispongo a relajarme de todo mi cuerpo, de cada parte que me forma de todos los sistemas y especialmente del sistema nervioso, respiro profuuundameeente, y expiro oportunamente, bien me encuentro listo para entrar en ese sueño de relajamiento y disfrutar de toda la materia que me forma, respiro hasta el fondo de mis pulmones llenando completamente mis órganos de la respiración, hasta el diafragma, uff, respiro hondo y profundo cada vez más profundo, sacando por los poros de la piel toda la tensión acumulada a través de los años, me relajo y suelto todos mis músculos, mis tensiones, se van poco a poco de mi cuerpo, mis tendones con cada respiración, se hacen más elásticos, y sanos se rejuvenecen, los cartílagos también hacen lo mismo mientras yo sigo relajándome más, maaas profundamente, y lo disfruto plenamente me relajo con astucia y me siento bien con cada respiración, estoy cómodo muy cómodo en mi cama, la temperatura es la ideal, no hay calor ni frio, me siento muy bien disfrutando de estar relajándome cada vez más, maaas, siento mucho sueño, siento mis piernas pesadas, como si fueran de cemento y eso está muy bien, porque estoy entrando más profundo en el relajamiento, súper y cada vez siento todo yo, después de la pesadez, me siento muy ligero, como si no pesara absolutamente nada tan ligero, que parece como si flotara en el aire, siento todo bien muy bien todas y cada una de mis partes, relajándose mucho cada vez con cada pensamiento, con cada idea, si cada cosa que pienso me sirve para entrar más profundo en el relajamiento, estoy tan profundamente relajado que, estoy sintiéndo más, como mi cuerpo se mejora por dentro y por fuera, cada una de las funciones normales se mejoran totalmente, con cada segundo, con este relajamiento mis huesos, cartílagos, tendones, meniscos se fortalecen y se lubrican oportunamente, todo mi cuerpo se mejora totalmente, mis huesos fuertes y robustos con todos los minerales necesarios para soportar mi peso, y continuo relajándome más profundamente y mi cuerpo reparándose de las piernas y especialmente las rodillas, estas están cada vez mejor y mejor, se baja la inflamación, las bursas lubrican muy bien de hoy en adelante, me siento mejor y mejor cada día, están mejorando mis articulaciones, me alimento apropiadamente, para estar cada día mejor de todas y cada una de mis articulaciones, de los brazos de las piernas, los tobillos, los dedos, codos, hombros, vertebras, discos, pelvis en fin todas las partes donde se unen hueso con hueso y sus meniscos, me relajo y me siento mejor y mejor, mi cerebro manda las órdenes para que todo mi cuerpo funcione de maravilla y se repare cada parte que lo necesita . . . respiro más profundamente . . . Y sigo respirando más y más, mandando oxígeno al cerebro para que también mejore su actividad en todos los sentidos . . . me siento muy bien con el mensaje en mi subconsciente, para estar mejor y mejor de mis articulaciones todas . . . vuelvo a respirar y me siento bien . . . me dispongo a abrir los ojos al contar poco a poco del 10 al cero y salir del relajamiento muy seguro y positivo de hoy en adelante . . . 10 . . . poco a poco . . .9 . . .8 más alerta . . .7 súper alerta cada vez más con mi propia respiración . . .6 . . . 5 abriendo los ojos cada vez más . . .4 . . . alerta y seguro . . .3 . . . 2 . . . me preparo a sentirme muy bien con los ojos abiertos con mucha energía . . . 1 . . . me siento de maravilla . . . con la plena conciencia de mi mejoría de todo el cuerpo y especialmente las articulaciones, y cada uno de mis sistemas, cada una de mis funciones, con mi cerebro súper cargado de energía, para ser más eficiente . . . respiro y despierto completamente . . .

AUTOINDUCCION # 3 PARA LA OBESIDAD.

Me imagino sentado en la orilla de un lago, muy grande, al contemplarlo me siento relajarme, por la magnífica vista que disfrutan mis ojos, si me relajo plenamente recostándome un poco en el pasto verde, estoy muy cómodo y decido a relajarme con la vista del lago hermoso donde me recuesto, agusto y respirando tranquilamente en compañía de las montañas que se miran a lo lejos de los pájaros, con sus trinos y sus vuelos, por aquí y por allá,

Disfruto de verdad de lo que mi vista puede contemplar, me relajo de todo mi cuerpo con mi respiración y por los latidos de mi corazón y los ruidos del ambiente, de ese lago, de color azul y los peces que saltan por aquí y por allá, sí que me relajo con esa vista de postal, la respiración me ayuda el ligero movimiento del agua, y los ruidos que esta produce, las pequeñas olas que apenas se mueven, me relajo fácilmente, cada vez más con ayuda del paisaje, de las aves y sus cantos, de verdad me relajo y tranquilamente, dejo que suceda ese relajamiento por todo el cuerpo, de los pies a la cabeza si me relajo y lo aprovecho completamente, muy relajado como debe ser, respiro y con cada respiración profunda entro en ese momento de relax, de sentirme bien de todo, de la cabeza, de mi cara, de mis ojos, mi nariz, de mi boca, mi cuello, mi pecho, mi abdomen, mi pelvis, mis muslos, mis rodillas, espinillas, tobillos y mis pies y los dedos de los pies, si mucho me relajo con este hermoso paisaje, que lo siento parte de mi, me siento uno con la naturaleza, y con los ruidos de la misma naturaleza, que me carga de vibraciones positivas, y me ayuda a ordenar mi metabolismo, para bajar de peso, para conseguir el peso ideal que corresponde a mi estatura, ese peso ideal, mi cuerpo se convierte en un dinamo de energía, para quemar el exceso de peso y volver al peso normal donde me siento súper saludable, con una energía, para estar mejor de cada parte de mi humanidad,. Si mi metabolismo se mejora y mi cuerpo se deshace del sobre peso de un manera saludable de ahora en adelante y me siento mejor porque el mensaje a llegado a mi cerebro, a mi subconsciente me programo para conseguir ese peso ideal, me hago ese programa y lo logro rápidamente, y de ahora en adelante todo lo que yo hago es para mejorar mi salud bajando de peso, mi hígado trabaja a la perfección para ese propósito, de quemar la grasa de más, en mi cuerpo y disfrutar de plena salud, respiro profundamente y desde hoy empiezo a bajar de peso, día a día mi cerebro manda las órdenes para lograr esa nueva figura esbelta y con plena salud, de la talla apropiada de acuerdo a mi estatura y cada día más en plena salud . . . respiro y me dispongo a volver de este relajamiento con la nueva imagen con el peso ideal de ahora en adelante, esta imagen ya está bien grabada en mis neuronas, para sentirme bien de por vida, donde quiera que voy tengo esa imagen muy presente esbelta y del peso ideal y como solo lo que me ayuda conseguir mi propósito de bajar de peso, por mi salud, como muchos vegetales y frutas crudas y 2 litros de agua al día si agua pura . . . despierto muy alerta y seguro y positivo . . . alerta y positivo, sintiéndome supercontraultra bien en todos los sentidos . . .

AUTOHIPNOSIS # 4 PARA MEJORAR LAS RELACIONES SEXUALES.

Me siento en mi silla favorita, en la cual me relajo fácilmente, y respiro bien profundamente hasta el diafragma, inflando mi abdomen para estimular mis intestinos, lo contengo 4 segundos para oxigenar el cerebro y espiro también en 4 segundos, 10 respiraciones hago acompasadas, 4 segundos para respirar lo contengo 4 también y lo espiro en 4 segundos, 1 . . . 2 . . . sigo respirando profundamente 3 . . . mas . . . 4 . . . sigo respirando con los tiempos de 4 segundos, y me relajo completamente . . . 5 . . . 6 . . . 7 más me relajo con cada segundo que pasa y entre más oxigeno fluye por mis venas, mejor me relajo y penetro en el relajamiento profundo, todo mi cuerpo está llegando a ese profundo y efectivo relajamiento . . . 8 . . . 9 . . . más me relajo, me oxigeno completamente, de cada célula de cada, molécula de cada átomo me siento muy bien con mucho oxígeno en todo mi cuerpo, 10, súper relajado, oh! Me siento perfectamente relajado y contento por el oxígeno que tengo en la sangre que me da vitalidad, energía, y me hace sentirme muy fuerte de todo el cuerpo y especialmente de mis glándulas, internas que son las reguladoras de mis funciones y de todos y cada uno de mis sistemas, todas las glándulas rinden más en perfecta armonía, la sangre rica en nutrientes y de oxígeno, alimenta bien cada mitocondria de cada célula y todas las habilidades se mejoran, y sobre todo la producción de testosterona, aumenta radicalmente, lo cual me hace sentir bien para desarrollar de mejor manera mi actividad sexual, siento esa energía emanada de la hormona masculina testosterona que fabrican los testículos, porque el nivel de oxigeno esta en lo más alto y mejorando día a día, con cada respiración, con cada movimiento que hago y hasta en reposo sigo produciendo mucha hormona masculina, que acrecienta mi masculinidad, y que junto con mi pareja disfrutamos plenamente, en cada encuentro sexual, que nos remonta al éxtasis del placer y nos acerca cada día más en el cuerpo y en la mente, si lo disfrutamos cada día y de noche cuando la ocasión lo amerita, mejoro constantemente en mi habilidad sexual, respiro siempre profundamente y lleno a capacidad mis pulmones, y doy tiempo para que la sangre siempre se cargue de ese valioso elemento, llamado oxígeno, para funcionar en todo a plena capacidad y especialmente en el acto sexual, interpreto muy bien los deseos de mi pareja en cada ocasión que así lo decidimos, y le prodigo las caricias que ella necesita para alcanzar el más bello de los placeres, y el más profundo orgasmo de ahora en adelante y cada vez en cada relación será una explosión de compartirnos mutuamente y con todo el placer que nos hace gemir de emoción, mejoro cada día en la intimidad, estoy súper hábil para cada oportunidad y con altos niveles de testosterona, para sentir fuerza y energía en cada momento de mi vida de hoy en adelante, respiro profundamente y me dispongo a despertar sintiéndome perfectamente estimulado con mi alto nivel de hormona, poco a poco, contando lentamente uno . . . dos . . . tres . . . más alerta . . . disfrutando plenamente de mi hormona testosterona, de mi alto nivel . . . cuatro . . . cinco . . . seis . . . más alerta y súper bien todas mis glándulas trabajan en sincronización, en armonía y por lo mismo todo mi cuerpo, . . . siete más mucho más alerta y positivo . . . ocho . . . nueve . . . alerta y seguro y completamente positivo . . . respiro, una vez más, y abro los ojos diez me siento de maravilla y dispuesto de prodigar el mejor de los placeres a mi pareja de ahora en adelante . . . muy bien, me siento fuerte y listo para todas mis actividades y los niveles altos de la testosterona me hacen sentirme así de hoy en adelante, fuerte energético y puntual con mi pareja, en lo íntimo o como en lo cotidiano . . . alerta y completamente despierto . . .

AUTOHIPNOSIS # 5 PARA MEJORAR EN EL ESTUDIO.

Si estoy con la oportunidad de mejorar mi vida a través de el relajamiento profundo y tener una mejoría en mis estudio, y me dispongo a entrar en el sueño hipnótico, si respiro profundo y muy profundo llenando mis pulmones a toda su capacidad, poco a poco me relajo, me siento muy a gusto, mi mente está dispuesta a todo el relajamiento, estoy en preparación de hacerlo completamente, empiezo a contar, muy lento, sin prisa, cada número lo digo despacio y así me voy relajando cada vez más, como es lo necesario, para alcanzar, el nivel óptimo de éxtasis de relajamiento, de completo abandono de todas las sensaciones, siento la sangre circular por las arterias, cargada de nutrientes de oxígeno, llevando a cada célula los nutrientes que estos requieren, la sangre sin oxígeno se descarga por las venas, y la linfa, mi cuerpo funciona, como un reloj bien exacto, y entrando en el relajamiento, todo se balancea, más y más mientras sigo relajándome profundamente, si profuuuuuuuundamente, más y más, lo disfruto plenamente cada paso, 1 . . . Sigo adelante, avanzo relajo desde la cabeza a los pies mi cuerpo, me siento muy bien, tranquilo y en paz porque cada vez y con cada número me adentro en ese relax, en ese bienestar corporal y emocional, oh! Si me relajo más y más, 2 . . .3 . . . paso a paso, conquisto el relajamiento total de cada parte que me forma y los disfruto con toda mi capacidad, de ser humano, 4 . . . más . . .5 . . .6 . . . uffff, mucho más me adentro en el súper especial mundo de la hipnosis, en el trance hipnótico, que me llevara poco a poco a conseguir mis propósito, de mejorar mi capacidad de aprendizaje, mi memoria, si mi memoria . . . 7 . . . 8 profundo . . . 9 . . . total y completamente consigo el relajamiento el relax desde la piel hasta todas mis entrañas, me siento asombrado de cómo llega más y más el descanso la flexibilidad, la laxitud, 10 . . . finalmente y completamente todo yo, dentro del relajamiento de todo desde la pequeña célula hasta el órgano más grande si todo se relaja oportunamente, que es el propósito de esta sesión hipnótica para conseguir mi mejora en lo emocional y en lo físico, y sobre todo la memoria en el estudio, todo se me facilita, me mente registra todo, todo automáticamente, graba cada detalle por pequeño que este sea, toda se queda en mis neuronas, de hoy en adelante, los billones de células nerviosas que son parte de mis cerebro ya están acondicionadas, para recibir la mejor información, clasificarla y guardarla, y cuando yo necesite esa información, sin dilación la obtendré rápidamente mi memoria se mejora con este relajamiento, profundo, me siento de maravilla y contento de tener una mejor memoria para el estudio sea lo que sea, mis dos hemisferios cerebrales trabajan en equipo para cada cosa que estudio de hoy en adelante, todas mis células de la memoria trabajan efectivamente, cada vez mejor, siempre destacare en el estudio por mi mejor memoria, lo disfruto plenamente, mejora radicalmente en toda clase de aprendizaje de estudio en el idioma inglés o español, y otros que me proponga aprender mi memoria esta lista para todo de hoy en adelante, de hoy en adelante estoy dotado de súper capacidad de estudio, listo y dispuesto cada día de hoy hacia el futuro, y me alimento sanamente para darle los nutrientes que se requieren para que mi memoria siga mejorando día a día, respiro profundo tres veces y salgo poco a poco de mi relajamiento, después del tercer respiro abro los ojos con plena conciencia de mi capacidad de estudio, primer respiración . . . segunda respiración . . . tercer y última para despertar y sentirme súper capaz de estudiar cualquier asignatura . . . despierto abro los ojos maravillosamente sintiendo total armonía en mi cerebro cargado de energía para estudiar en cualquier lugar de día o de noche, y aprovechando toda la capacidad de mi o mis maestros [as], respiro una vez más, llenando mis pulmones, oxigenando mi sangre a través de esta respiración y de hoy en adelante cada vez que lo haga, siempre oxigenare muy bien, renovare toda mi sangre sucia, con ese elemento vital, oxígeno y mi capacidad de estudio se incrementa totalmente . . . me dispongo a continuar con mis actividades normales de cada día . . . listo y dispuesto . . .

EJEMPLOS DE TERAPIAS: Y OTRAS SUGESTIONES.

Esto le dará una idea de cómo son las terapias y con el tiempo usted podrá, diseñar las propias.

PARA CONFIANZA EN SI MISMO:

Yo me siento seguro de sí mismo, con más confianza cada día, estoy cada día más consciente de mis habilidades y potencial. Me veo a mí mismo como una persona capaz y valiosa. A través de mis prácticas de auto hipnosis, aprendo a utilizar el poder de mi subconsciente. Mi autoestima crece día a día. Siento la fuerza desde mi interior.

PARA SER UN BUEN VENDEDOR.

Cada día incremento las llamadas a mis clientes, estoy entusiasmado y lo comparto con todos mis prospectos de clientes. Hago mis presentaciones interesantes y motivadoras. Cuando un cliente me rechaza mis productos, me motivo aún más y me preparo para el siguiente prospecto, cada día estoy más capacitado en mi profesión.

PARA EL PANICO ESCENICO:

Me veo a mí mismo enfrente de la audiencia, completamente y con mucha confianza. Estoy en control y domino la situación., Me siento seguro y mi mente trabaja clara y eficientemente. Mis pensamientos fluyen libremente, estoy calmado[a] y mantengo la postura. El éxito de hablar en público, me llena de satisfacción y orgullo.

PARA EL CANSANCIO CRONICO:

Me siento con mucha energía y vitalidad todos y cada uno de los días. Hasta el término del día o jornada de trabajo, me mantengo fresco y lleno de entusiasmo de por vida. Disfruto del ejercicio y la comida nutritiva, para mantenerme en buenas condiciones todo el tiempo. Produzco más resultados en mi trabajo con menos desgaste de energía que antes. Mi energía física y mental es ilimitada.

PARA LAS PERSONAS VERGONZOSAS:

Me convierto en una persona más social cada día. Me intereso por otras personas y eventos sociales de la comunidad. Me concentro en actividades públicas. Me deleito y disfruto al convivir con personas extrañas. Tiendo a olvidarme de mí por el interés que otras personas despiertan en mí.

PARA SER MÁS CREATIVO:

Me siento afortunado de descubrir el potencial de mi subconsciente y reconozco mis talentos y habilidades. Cada día se me hace más fácil manifestar mis talentos públicamente. Tengo la capacidad de crear cuando me lo propongo. Mi fuerza creativa trabaja muy bien, mis ideas salen libremente. Mis habilidades escondidas fluyen fácilmente desde mi subconsciente para usarlas apropiadamente, cuando yo lo deseo.

PARA LA EFICIENCIA:

Me veo trabajando en mi escritorio, ordenando mi agenda en orden de importancia. Si el teléfono suena, les pido su número para llamarles más tarde, a menos que sea de suma importancia. Trabajo en mi escritorio hasta terminar todos los pendientes, de cada día.

PARA QUITAR LA ANSIEDAD:

El relajamiento que he experimentado se convierte en parte de mí mismo. Me veo a mi mismo con confianza cada día de mi vida sintiéndome por dentro calmado. Cuando algo pasa que me causa tensión, dejo de hacer lo que estoy haciendo, inhalo profundamente y exhalo lentamente.

Y así como exhalo, sentiré experimentare una calma interna de confianza y tranquilidad, que circula por todo mi cuerpo.

PARA DEJAR DE MORDERSE LAS UNAS:

Cada vez que mis manos se acercan a la boca, me recuerdo de mi mal hábito y me veo, dejando de hacerlo, y me siento bien por evitar morderme las uñas. Cuando siento tensión, respiro profundamente me relajo y exhalo suave y lentamente, y eso me libera de esa ansia y del hábito. Estoy feliz porque tengo el control de mis hábitos y de todas mis acciones.

PARA EL INSOMNIO:

Cuento despacio, cuento hasta cinco, yo me encamino a dormirme placenteramente y lentamente en cada noche y despertare tranquilo y descansado por la mañana. Cuento ahora uno, me siento soñoliento, dos más con ganas de dormir, tres, muy tranquilo, más tranquilo, más soñoliento, cuatro, cayendo en el sueño profundo, profundo, cinco . . ."

PARA MEJORAR EN EL DEPORTE:

Siempre que estoy en la cancha de baloncesto, me siento seguro y con plena confianza, de que voy a hacer lo correcto, en cada movimiento, al saltar la pelota y dar pases, también me preparo a conciencia en los entrenamientos, para rendir al máximo en cada juego, imagino dando lo mejor de mí, y hago equipo con mis compañeros y lo disfruto enormemente, me veo haciendo los pases correctos, y anotando canastas, aprovechando cada oportunidad . . . Me siento de maravilla con mis habilidades, en cada ocasión . . .

PARA MEJORAR LAS RELACIONES SOCIALES:

Me veo a mi mismo en reuniones con otras personas. Me siento relajado y amigable, escuchando sus nombres, y los repito para grabármelos con un pequeño comentario. Cuando tengo la oportunidad de envolverme en actividades con otras personas lo hago bien y las disfruto plenamente o cuando soy parte de alguna actividad específica con otros, me divierto y lo gozo apropiadamente. Lo acepto y participio con mucho entusiasmo. Mi confianza social mejora día a día. Me siento bien cada vez mejor y mejor en compañía del sexo opuesto. En ocasiones de mucha tensión, yo permanezco calmado y tranquilo, ecuánime, y busco la manera de neutralizar los aspectos negativos, para siempre tener una relación social armónica y de respeto. Me siento orgulloso de poder tener la habilidad y capacidad de entablar buenas relaciones y exponer mis ideas de interés y necesidades de otros.

PARA MEJORAR LA PERCEPCION:

Cada día incremento la habilidad y la atención de lo que observo. Me veo en mi trabajo, poniendo mucha atención en lo que ocurre a mí alrededor, viendo y escuchando plenamente. Estoy incrementando mi habilidad de escuchar y muy alerta a lo que se me dice y lo hago atentamente. Soy capaz de pensar claramente, cuando se me presenta una situación problemática. Tengo la capacidad de resolver cada problema de una manera lógica y exacta.

PARA LA FALTA DE DECISION:

Cuando me veo obligado a escoger, analizo todas las opciones y escojo siempre lo mejor para mí. Tengo el dominio de mis decisiones, y lo hago oportunamente y con convicción analítica. Disfruto con libertad en cada momento de mi autoestima y seguridad, en todo lo que hago.

PARA SER UN MEJOR ESPOSO [A].

Por la mañana despierto en cuanto puedo volteo a ver a mi esposa, y me doy cuenta, que cada día soy afortunado con tenerla a mi lado, y disfruto de su compañía plena y conscientemente, la invito a disfrutar cada hermosa mañana que así son por contar con su presencia en mi vida, y los hijos que me ha dado, que con altas y bajas, nos comprendemos y estamos siempre mejorando nuestra bella relación, y con respeto y tolerancia, y cada día me dispongo a hacerlo inolvidable y en armonía, con mi pareja . . . de hoy en adelante . . . con amor y bienestar para los dos . . .

PARA LA PACIENCIA.

Siempre estoy seguro de mis conocimientos y los expongo con firmeza, y con paciencia, siempre mantengo el control de mis emociones en cada clase en cada platica, formal o informal, cuando me toca preguntar, también lo hago de una manera centrada y en perfecto control de mi mente y cuerpo, articulo las palabras, tranquilamente y de una manera que todos me entiendan, con ejemplos, y con respuestas cortas y verdaderas. Siempre estoy en control y me desarrollo en cualquier campo, bien con preguntas y respuestas en cada caso que lo amerite. La paciencia es mi segundo nombre, la paciencia me acompaña desde que despierto hasta que me acuesto . . .

14

PROBLEMAS DIVERSOS
TRATADOS CON HIPNOTERAPIA

Fobias, Complejos, Traumas, Mala Memoria, Obesidad, Concentración, Desidia, Inseguridad, Baja Estima, Depresión, Ansiedad y uno de los más grandes problemas que aqueja a un gran porcentaje de la población, es el Complejo de Pobreza.

Este complejo.

Es el clásico, complejo que mucha gente padece, de cualquier extracto social, sin importar la profesión, empleo u oficio, casado[a] soltero, viudo divorciado, etc . . . es según mi experiencia el complejo que el 90% de la gente padece y que no permite a muchos desarrollarse a plenitud.

Ejemplos; la persona que siempre se queja, de la mala suerte, de que todo la va mal, que nadie lo quiere, que lo discriminan, que no lo comprenden, que le tienen mala voluntad y que por eso no progresa, siempre le pone peros a su actitud y sobre todo a la de los demás, regularmente siempre discute de todo, todo le parece mal y siempre está en contra de su patrón o jefe inmediato sea hombre o mujer, se siente despreciado, se siente fuera de lugar y con frecuencia se refugia en el alcoholismo, y tiende a ser paranoico, pierde el control fácilmente se siente la victima de la familia de la sociedad, las más de las veces ve la paja en el ojo ajeno y no ve la viga en su propio ojo, es difícil su actitud en ocasiones es candil de la calle y oscuridad de su casa.

Es iracundo, hace más por los amigos que por su familia, suele ser muy trabajador, solo que siempre critica a los demás, y siempre cree tener la razón, y fácilmente se siente provocado y se siente herido y dispuesto a pelear con los puños, la tendencia es encerrarse y separarse, solo se siente bien con quien le sigue la corriente, y es por tendencia depresivo y ansioso y ve [moros con tranchete] por todos lados, se aísla y su pobre familia no cuenta con él, vive casi siempre sin una buena relación con los hijos y esposa.

15

PASOS PARA LA HIPNOTERAPIA

Esta es una forma muy eficiente de llevar o inducir el sueño hipnótico, todos los que se lo propongan, con práctica, mucha práctica, hará mucho bien a los demás con esta súper importante técnica llamada hipnoterapia.

1.- ENTREVISTA CLINICA—COMO MEJORAR SU VIDA.

Aquí le preguntamos, después de saludar a nuestro cliente[a] cual es el problema que le aqueja y motivo de su visita, ejemplo dolor de cabeza. Lo anotamos, y seguimos con el siguiente paso.

2.- HIPNOSIS TEATRAL—HIPNOTERAPIA.

Aquí explicamos que la hipnoterapia, no es hipnosis teatral, y que estamos para ayudarle en sus problemas cualesquiera que sean, y siguiendo las instrucciones, apropiadamente.

3.- NO CONTROL—PARARSE DE CABEZA.

Aquí le demostramos que no podemos controlarle, pero si necesitamos de que siga las indicaciones, y le decimos que cierre los ojos y que respire 3 veces profundamente, 4 segundos para inhalar, contener la respiración 4 segundos, y exhalar en 4 segundos, y ya que lo ha hecho le decimos que se pare de cabeza, esperamos unos segundos, y claro que no lo hará a menos que sea gimnasta, y así le demostramos que no ejercemos control sobre la persona porque solo estamos para ayudarle.

4.- CUERPO ROBOT—[A] LIMON [B] ADRENALINA.

Aquí, le decimos cierre los ojos respire 3 veces profundamente, 4 segundos para inhalar, contener la respiración 4 segundos, y exhalar también en 4 segundos y le decimos que ponga las manos enfrente sobre sus piernas, o sobre el escritorio o mesa según el caso, le decimos que se imagine que enfrente de el está un limón muy, pero muy jugoso, muy maduro, en la mesa o escritorio, partido en dos, lo repetimos varias veces para que lo imagine o visualice, y empiece a salivar a sentir el ácido del limón, y una vez que veamos los afectos, que arruga la cara por lo acido del limón o que pasa saliva o algo que nos indique que está sintiendo lo acido del limón, entonces le decimos que abra los ojos, y vamos al siguiente paso.

Otra vez repetimos lo de la respiración, con los mismos tiempos, y procedemos a decirle a nuestra clienta [e] que ahora se imagine que va manejando tranquilamente y adelante como a media milla ve como un carro choca con otro y se convierte en un accidente que envuelve a varios carros y se oye muchos ruidos gritos llanto metal que se rompe, mucho polvo, en fin se lo exageramos un poco para que lo sienta y lo visualice de la mejor manera, y cuando vemos, por su expresión, algo que no le agrada, le decimos que abra los ojos, y que todo fue imaginario para calmar a la persona, y seguimos a adelante, le estamos llevando poco a poco dentro del sueño hipnótico, y la persona está tomándonos confianza, algo muy esencial para el éxito en la hipnoterapia y en cualquier otra actividad.

5.- PRUEBAS DE SUGESTIBILIDAD.

[A] HACER OSCILAR EL CUERPO.

Ahora procedemos a indicar al cliente[a] que se pare, con los pies juntos y los brazos a los lados como posición de firmes, nos paramos a su lado viéndolo, apoyamos la mano atrás en la alta espalda deteniendo con un dedo su nuca para que no mueva la cabeza hacia atrás, y le indicamos que mire nuestra mano que la levantamos enfrente del sujeto[a] extendido nuestro brazo puede ser derecho o izquierdo lo que nos sea más cómodo, previamente ponemos un punto en el centro de la misma mano, o si usamos anillo lo volteamos hacia la palma, para que tenga un punto donde fijara su vista mientras, le decimos concéntrese en mi anillo o en el punto de mi mano, yo voy a acercarla lentamente hacia usted y su vista se cansara poco a poco y usted cerrara los ojos poco a poco, mientras más se acerca la mano, más se cansa la vista y usted cierra los ojos, y acercamos más y más y le decimos cuando mi mano o mi dedo medio toque su frente usted los cerrara, y así se los repetimos por unos 7 segundos o un poco más, y cuando cierre los ojos, le decimos su cerebro siempre tiene el control de su cuerpo, su cuerpo se mueve para atrás y para adelante, para los lados, poco a poco se mueve para un lado y para el otro, se mueve se lo repetimos hasta que vemos como efectivamente se mueve poco o mucho no importa cuánto y en movimiento le decimos que abra los ojos, para que note el movimiento, seguimos llevándolo a poco a poco dentro de la hipnosis.

[B] LIBRO, GLOBO.

Ahora le decimos al cliente, que ponga los brazos extendidos al frente y las manos también, que cierre los ojos y haga la respiración como antes, y le decimos que se imagine que le ponemos un libro muy pesado, de 5 libras, sobre la mano derecha, y tocamos con un dedo su mano hacia abajo, y le decimos que sienta el peso de ese libro, cada vez más y en la otra mano, le decimos que atamos un globo del color favorito suyo, un globo inflado con gas helio, que lo hace que flote y su mano se siente muy ligera, cada vez más ligera repitiendo lo de la mano derecha y de la izquierda hasta que veamos algún efecto, y al hacerlo, le decimos abra los ojos, y vamos por buen camino, seguimos poco a poco llevando el cliente o clienta dentro de la hipnosis.

[C] TORNILLO.

Y ahora con los ojos abiertos procedemos a otro ejercicio, le decimos que junte las manos y cruce sus dedos unos con otros viendo sus manos, dedos, de una mano con la otra, y que solo separe los dedos índices, estirados hacia al frente, y le decimos que se imagine sus dedos dentro de una prensa y que la estoy apretando y al hacerlo sus dedos se juntan, yo hago movimientos con mis manos simulando que aprieto la prensa, cerca del cliente o lejos no importa, se los repetimos varias veces y le decimos sus dedos se juntan cada vez más escúcheme, se juntan se juntan mientras más aprieto la prensa más y más se juntan, y así logramos más el efecto de la sugestión, que es por lo que la hipnosis trabaja y tiene efectos sobre la mente, cuando los dedos se juntan aunque sea un poco o completamente, el cliente ya está muy preparado para proseguir, y adelante, ahora con la inducción.

6.- INDUCCION

Aquí usaremos cualquier de las inducciones anteriores, este es otro ejemplo:
PARA DEJAR DE FUMAR.
Empezamos, relájese con mi voz, respire hondo y profundo, dispóngase a relajarse placenteramente, suelte los hombros, ponga sus manos sobre las piernas, cierre los ojos, deje que salga la tensión, va a entrar en relax, todo[a] usted, si relájese completamente respire profundo y empiece a relajarse, empiece ahora con cada respiración, soltando toda la tensión del cuerpo completamente, sintiendo como esta sale por medio de la respiración, respira lentamente y exhala, y con cada

exhalación usted se relaja más y maaasss con cada ruido que escucha y su propia respiración más profundo se relaja, con los latidos de su corazón, si también le ayudan a entrar en ese relajamiento, y para ayudarle más y maaaas, imagínese usted en un pequeño barco velero de color blanco, con velas color paja, y recostado en la cubierta descansando, con el vaivén del agua del mar, con el golpeteo del mar en el casco del barco, con la ayuda del aire que le mueve su pelo, el sol que le da la sensación, de calor agradable, usted se relaja mucho más si más y más, cada vez más, entra en ese mundo maravilloso del sueño hipnótico, se relaja, profundo y entre más escucha la palabra profundo mucho más se relaja, si más y más relájese, con la ayuda de los ruidos de las aves alrededor del pequeño barco velero y el movimiento de las nubes algodonadas, que se mueven lentamente, se siente con mucha seguridad, con mucha tranquilidad, respire más y más profundo mientras se relaja más, sus pulmones se llenan de aire a toda su capacidad y ese oxígeno, que enriquece su sangre que la renueva le permite relajarse más profundamente, si mucho más, maravillosamente relajado todo usted, si más y más con los ojos bien cerrados, se sigue relajando completamente, con los ruidos con su propia respiración sus latidos del corazón, si cada vez más profundo lo logra fácilmente cada vez más, con esos ruidos de las gaviotas que revolotean alrededor del barco donde se encuentra usted, sigue relajándose con el sol que le calienta su cuerpo, con el aire que le mueve su cabello, con el movimiento del mar, usted se siente bien muy bien súper relajado de arriba abajo, de la cabeza a los pies, profundo, profundo con cada respiración, y ahora quiero que se imagine, en el barco, bajando una escalera que le lleva al interior del barco donde se encuentran las literas y usted desciende poco a poco son diez escalones con una alfombra del color favorito suyo, y se dispone a bajar paso a paso peldaño a peldaño yo contare del 10 al cero y usted bajara paso a paso relajándose más y más, si mucho más y al llegar a cero usted estará completamente relajado de todo el cuerpo, y ahora empiezo a contar 10 . . . su primer paso y más relajado 9 . . . si siga respirando lentamente oxigenando bien sus pulmones con ese aire limpio del mar donde usted se encuentra, con todos los ruidos de ese ambiente paradisiaco, 8 . . . más profundo 7 . . . respire hondo y profundo, más profundo, más profundo mientras desciende y se relaja más . . . 6 . . . más profundo 5 . . . 4 . . . sigue entrando en ese relajamiento, ya casi llega al último escalón al último peldaño y se siente bien relajado tranquilo y seguro en todo momento, 3 . . . se relaja 2 . . . una respiración más y llega al último escalón 1 completamente en relajamiento, y ahora quiero que se siente en una de las literas y descanse y el relajamiento continua más y como una manera de ayudarle a profundizar en el relajamiento respire 3 veces profundamente . . . se le deja al cliente por unos segundos y continua con la terapia y en este caso como ejemplo.

La terapia será para dejar de fumar, escúcheme de nuevo e imagine sus pulmones limpios de un color rosado que implica salud y usted los quiere saludables de ahora en adelante, respire hondo y profundo, más profundo que sus pulmones se limpian cada vez y desde ahora en adelante usted le emociona respirar aire limpio porque quiere ser sano cada vez más sano de su aparato respiratorio, desde las fosas nasales hasta los alveolos, cada parte de su aparato respiratorio está limpiándose, más y más y usted se siente mejor y mejor y le gusta disfruta de ese aire que asimila por medio de la respiración sus pulmones extraen el oxígeno y le nutre la sangre y usted se carga de energía con la sangre bien oxigenada cada vez más con cada respiración, usted defiende sus pulmones y los cuida día a dia respirando solo aire puro, cuando ve el aire contaminado se retira de ese lugar y se siente cada día más saludable en todos los sentidos, de hoy en adelante . . . y ahora quiero que se imagine un pizarrón, o pintarrón y gises o marcadores, con los cuales usted dibuja un cigarro del tamaño del pizarrón, o pintarrón y lo dibuja como si estuviera prendido rojo y echando humo, y ahora como la imagen de este cigarro es muy grande, visualícese rompiendo el papel para ver lo que se encuentra debajo y de que está formado el cigarro y lo que ve dentro del mismo es como carne podrida de perro asoleada por una semana, llena de gusanos por todos lados, que apesta y le da nauseas de ahora en adelante, a eso equivale el cigarro por el daño que le causa a los que fuman, y usted coge o agarra el borrador y borra el cigarro del pizarrón y de su vida de hoy en adelante, respire profundo y más profundo usted se libera del vicio y se siente maravillosamente positivo, porque usted manda en su cuerpo, y de hoy en adelante disfruta positivamente del aire que le nutre y tiene usted el control de su vida y sus gustos, que son solo para su beneficio, al borrar el cigarro del pizarrón se deshace de los riesgos a que se expone con el alquitrán y los más de 4000 químicos que le afectan su salud, si usted venció, retira del pizarrón el cigarro borrándolo y de su existencia, porque usted se quiere y desea siempre ser saludable de sus pulmones, felicidades, de ahora en adelante a disfrutar plenamente, y para siempre de una perfecta salud, en todo el cuerpo, bravo por usted . . . después de tres respiraciones profundas, le damos al cliente [a] instrucciones para despertar abriendo los ojos y sintiéndose súper bien, mental y físicamente . . .

Estos son los pasos para una buena y positiva hipnoterapia, con práctica, mucha práctica usted y cualquier persona podrá lograr resultados magníficos, siga fielmente las instrucciones, practique y vuelva a practicar, se dice que la práctica hace al maestro y esto es una gran verdad. Recuerde que usted, es el que crea las oportunidades, y con el dominio de la hipnosis, usted tiene la mejor de las herramientas, mentales para ser el causante del triunfo en cualquier terreno que usted decida, la hipnosis como ya lo hemos dicho anteriormente, la puede usar para sí mismo o misma, y para ayudar a otras personas, en sus problemas, de ahora en adelante el éxito depende de usted . . .

HIPNOTERAPIA Y AUTO HIPNOSIS

Esto es en conclusión, la experiencia que he adquirido, en mi práctica de la hipnoterapia, y auto hipnosis, le deseo lo mismo para usted, sea un practicante, no se conforme con ser teórico, la humanidad lo necesita, decídase a ser un o una triunfadora o triunfador, de hoy en adelante.

7.- CONVINCENTES

[A] OJOS PESADOS.

Antes de abrir los ojos y después de la inducción, le decimos que respire de la forma antes mencionada a nuestro cliente[a] y que sienta los ojos pesados súper pesados como si fueran de plomo tan pesados, pero tan pesados que aunque quisiera abrirlos no puede porque están muy pero muy pesados, usted verá que mueve los globos oculares, como queriendo abrir los ojos, usted seguirá con la sugestión, ojos pesados, ojos súper pesados, muy pesados, para que lo sienta y lo visualice, y cada vez nos acercamos más al subconsciente, para ayudar a nuestro cliente en lo que necesite, en el problema que nos dijo al principio en la entrevista de evaluación.

[B] BRAZO PESADO.

Antes de decirle al cliente que abra los ojos, hacemos estos ejercicios para asegurarnos que efectivamente el cliente o clienta esta lista o listo para proceder a la terapia necesaria. Y le decimos voy a tocar su brazo derecho, cualquiera puede ser, y usted lo sentirá pesado al tocarlo tres veces de arriba abajo, si cada vez más pesado, como si fuera de plomo, respire profundo y sienta ese brazo muy pesado que aunque quisiera moverlo no podrá porque está muy pesado, muy pero muy pesado, después de unos segundos, le decimos ahora todo es normal, su brazo se siente y esta normal.

[C] BRAZO LIVIANO.

Y ahora, vamos con el otro brazo, el izquierdo, respire profundamente, igual que las veces anteriores dándole tiempo para qué lo haga, y ahora usted siente su brazo ligero como una pluma, y siente que ese brazo se eleva como si flotara en el aire, lo siente tan ligero, si muy ligero, y flota, se eleva como si no pesara nada, el brazo se sube se eleva poco a poco hasta llegar al hombro porque esta tan ligero, tan ligero, más ligero que una pluma, por unos segundos lo hacemos y luego le decimos que todo es normal, y que respire nuevamente y profundamente.

8.- TERAPIA

Las terapias son muy cortas, así que vea estos tres ejemplos.

EJEMPLOS:

[A] DEJAR DE FUMAR.

Usted de ahora en adelante, le gusta respirar aire puro cargado de oxígeno, ya siente la necesidad solamente del aire que le nutre que le hace sentir bien y que es alimento para su cerebro, respire profundamente asimile ese oxigeno que hay en el aire en cada respiración, sus pulmones se lo agradecen porque su cerebro es lo que necesita y de hoy en adelante usted procura siempre respirar lo que le conviene para la salud, de su cerebro de sus pulmones de su sangre, si ya respira apropiadamente como debe de ser, se emociona con el aire puro con el oxígeno que su sangre tanto necesita usted se siente maravillosamente bien limpiando todo el sistema respiratorio desde hoy usted tiene el habito de cuidar la salud de su cuerpo a través de la respiración, de hoy en adelante, respire profundo más profundo limpie sus pulmones saque todo el aire viciado, del sistema de su respiración y de hoy en adelante se acostumbra a cuidarse cada día, y para siempre respirando lo que le conviene a su cuerpo, usted se siente súper bien positivo y seguro. Deje a su cliente por unos segundos y dígale prepárese a despertar de ese maravilloso sueño de la hipnoterapia, sintiéndose muy bien, mejor y mejor, poco a poco, respire y prepárese a abrir los ojos sintiéndose seguro y positivo de hoy en adelante, contamos del 7 al 1 poco a poco y usted abrirá los ojos sintiéndose bien con esa fuerza para cuidar su salud de hoy en adelante, 7 . . . poco a poco siéntase mejor . . . 6 preparándose a despertar 5 . . . 4 . . . más y más alerta más preparado más alerta 3 . . . Respire más y más y 2 . . . Casi alerta ya abra los ojos 1 muy bien, súper bien, de hoy en adelante, a respirar lo que le conviene a su salud, si es necesario se harán varias sesiones de 5 a 10 según el problema.

[B] OBESIDAD.

Respire muy profundo, y quiero que se imagine en el peso que usted quiere tener, visualícese como una foto, como si se viera en la televisión o una película, imagínese con ese peso que usted desea y como lo desea en realidad se convertirá, porque de hoy en adelante usted come lo necesario para bajar de peso, se alimenta apropiadamente de hoy en adelante su cuerpo está dispuesto para bajar lo que usted necesita para tener el peso ideal, de acuerdo a su estatura, sus células se deshacen del sobrepeso quemando más efectivamente la grasa, lo que le hace daño usted se cuida cada vez que come solo ingiere lo que le conviene, para su salud se cuida y se quiere y se respeta de esa forma comiendo solo lo que el cuerpo necesita para nutrirse adecuadamente, se siente de hoy en adelante con mucha energía y hace ejercicio para ayudar en la quema del exceso de peso porque usted, se quiere y necesita estar sano de la mente y del cuerpo, ya de hoy en adelante solo come lo bueno lo nutritivo por su salud, con mucha energía para su trabajo, para realizar todas las actividades, a las que está acostumbrado, respire y véase con ese nuevo cuerpo con esa nueva talla, haciendo diferentes actividades muy bien, por su nuevo peso que consigue de hoy en adelante, respire profundo más profundo, después de tres respiraciones usted, despertara sintiéndose muy, muy bien súper bien con la mente positiva y el cuerpo obedeciendo a la mente para conseguir la salud y el peso correcto, de acuerdo a su estatura y para gozar de buena salud. Darle seguimiento 5 a 10 sesiones, dependiendo del resultado.

[C] DOLOR.

Para el dolor podemos usar también la imaginación dígale a su cliente que respire por 4 segundos que contenga el aire 4 segundos y lo exhale también en 4 segundos, que se imagine, de qué color es el dolor y que se lo diga porque el cliente puede hablar cuando usted se lo diga o sugiera, ya que le contesto generalmente la respuesta es de un color oscuro y usted le dice que su mente es muy potente y lo cambie de color respirando profundo que lo cambie de un color claro como azul cielo o bajito, y ya que lo tenga de ese color que se lo diga y usted le dirá que su mente potente lo va imaginar como si fuera un globo de ese color azul bajito, y que lo imagine lleno de gas helio que hace que el globo flote en el aire que lo amarre bien y lo deje irse, que se valla el dolor que lo vea irse lejos, pero lejos, cada vez más lejos, respire otra vez lentamente abra los ojos y vea su dolor irse como un globo, vea que se va, se va y se va. Y después le pregunta dónde está el dolor, y seguramente le responderá que se fue, y sino ya sabe hay que hacer más terapias hasta que la persona se sienta bien y las terapias se deben de hacer mínimo cada semana . . .

Siempre la primera vez con cada cliente, usted hará todos los pasos después, solo la inducción y la terapia respectiva . . .

Siguiendo los pasos, tal como se explican, usted podrá, con práctica, mucha práctica, por ejemplo si usted hipnotiza o práctica la técnica en 10 a 20 personas en una semana, ira en camino para convertirse en un o una hipnoterapeuta, profesional, si siempre la práctica hace al maestro, así que a hacerlo, practique la auto hipnosis para vencer los obstáculos, o pretextos, que le impiden hacerse profesional, en la materia, que aquí nos ocupa.

Estos son los pasos para una buena y positiva hipnoterapia, con práctica, mucha práctica usted y cualquier persona podrá lograr resultados magníficos, siga fielmente las instrucciones, practique y vuelva a practicar, como antes lo dije, se dice que la práctica hace al maestro y esto es una gran verdad. Recuerde que usted, es el que crea las oportunidades, y con el dominio lo logra.

Esto es en conclusión, la experiencia que he adquirido, en mi práctica de la hipnoterapia, y auto hipnosis, le deseo lo mismo para usted, sea un practicante, no se conforme con ser teórico, la humanidad lo necesita, decídase a ser un o una triunfadora o triunfador, de hoy en adelante.

16

LA HIPNOSIS EL ARMA SECRETA DE LOS POLÍTICOS Y DE LA RELIGIÓN O RELIGIONES

La hipnosis se basa en la sugestión, repetición y visualización, y eso precisamente es lo que se hace en las campañas políticas y desde los sermones homilías o lecturas de los políticos y religiosos de todos los credos, a través de la publicidad, con imágenes por televisión, periódicos, revistas, radio y otros medios, se sugestiona a equis idea o situación, nos condicionan, como el experimento de Pablow [el del perro que salivaba], los padres también lo hacen con sus hijos, consciente o inconscientemente, veamos algunos ejemplos:

El político, compañeros y conciudadanos, hombres y mujeres, de esta gran nación me dirijo a ustedes con mucho orgullo, por su gran compromiso que ustedes han manifestado, en mi campaña, y en estas elecciones, y como han demostrado y ejercido sus plenos derechos y quiero darles las gracias por esa gran demostración de patriotismo, y el amor que han demostrado hacia esta, la madre patria, a ustedes se debe el gran avance que hemos logrado, y los insto a que sigan por el sendero de la responsabilidad y del compromiso con las leyes que emanan de la constitución que nos rige y que gracias al esfuerzo de nuestros antepasados está vigente, yo aplaudo con gran emoción y les pido siempre su apoyo irrestricto para que el futuro de nuestro pueblo sea el progreso y una realidad para todos, gracias compañeros, ustedes desde la trinchera en que se desenvuelven cada uno de ustedes, en sus empleos, en su casa en la crianza de sus hijos, ustedes son los artífices de mejores tiempos para nuestra querida patria, sigan con sus metas que yo sabré cumplir con todas las metas, sino lo hiciera así que el pueblo me lo demande, vivan nuestros héroes que nos dieron patria, bla . . . bla . . . bla, así por el estilo palabras más palabras menos no sugestionan a creerles y votar por ellos y de tanto oír aceptamos sus retoricas discursivas, y en ocasiones por enfado las aceptamos, sin analizar detenidamente lo que nos dicen, y como hablan tanto se nos dificulta entender a cabalidad y completamente, si los políticos, aconsejados por sicólogos, y hipnoterapeutas, ahora llamados expertos en mercadotecnia, o sea en expertos vendedores de imagen y de la palabra o neurolingüística, que saben muy bien los secretos de la mente y que conviene decir, para aborregar a los oyentes que se traduce, engañar, diseñan los discursos para enajenar a la gente o al pueblo, en la hipnoterapia profesional lo hacemos para ayudar a las personas a mejorar su vida a través de la sugestión positiva no enajenante, sino para las necesidades de cada individuo o individua.

Veamos ahora el entorno familiar, el papa a los hijos, Jaime hay hijo porque eres tan flojo, mira nada mas como tienes tu cuarto, eres un bueno para nada y se le dice eso y como el padre tiene autoridad sobre su hijo, el chico se lo cree es un flojo acondicionado por los mandatos de su propio papá, o de la madre, que la mayoría de las madres son muy sermoneras, hija cuantas veces te lo voy a decir eres una buena para nada, siempre te digo lo mismo, y tú no entiendes, no sé qué va a ser de tu vida, por tan buena para nada que eres, yo como madre me siento desesperada, por más que te lo digo, no te compones, no sé qué va a ser el día mañana contigo, cuando te cases que va decir tu marido, que tu madre no te enseño a ser limpia y ordenada, ya me lo imagino en tu casa con montón de niños y toda despeinada, sin arreglar toda cochambrosa, quien te va a querer así, no hija tú no tienes remedio, otro acondicionamiento negativo, pobre hija.

Las sugestiones son el arma más poderosa, por eso hay que tener cuidado como nos dirigimos a nuestros hijos, esposa, nietos y con cualquier persona, repartamos opiniones positivas, constructivas en cualquier lugar, sin motes o sobrenombres, o adjetivos denigrantes, humillantes, que como antes menciono nos condicionan en ocasiones de por vida, para tener un programa mental. Que en muchas ocasiones no, nos permite desarrollarnos a plenitud, sino que nos convertimos en seres acomplejados y podemos pasar ese acondicionamiento negativo, de nuestro hogar, a nuestros hijos, etc . . .

Viene a mi memoria una anécdota, si antes de que fuera un profesional de la hipnoterapia, allá por los 1970 estudiaba yo soldadura, y un compañero, de nombre Roberto, Bob en ingles fumaba todo el tiempo y se me ocurrió hacerle un mala jugada, poniéndome de acuerdo con algunos compañeros de la misma clase, empezando yo, le dije Bob que te pasa, te ves muy mal, vienes del hospital, y el sorprendiéndose, abriendo grandemente los ojos, no estoy bien contesto con su cigarro en la boca, ya para ese momento contesto nervioso y así los demás compañeros, fueron diciendo algo del mismo estilo para que sintiera mal, como a las 3 horas, él ya estaba muy nervioso, y sintiéndose mal, por nuestras afirmaciones de que lo veíamos muy mal, efectivamente se puso enfermo, se retiró de clase por una semana, y cuando regreso, al verme se dirigió a mí y me dio las gracias por haberle, dicho que se veía enfermo, platicándome de que efectivamente estaba muy enfermo y gracias a mi advertencia, él había ido al hospital y estuvo internado, tres días, nuestra travesura me confirmo que la sugestión, es poderosa y le provocamos con los comentarios de todos los que participamos en esa pesada broma, a Roberto, y nunca he olvidado, ese detalle de mis años cuando estudiaba soldadura, nunca más volvimos a hacer ese tipo de bromas.

En ocasiones uno encuentra a algún amigo y en vez de saludarlo cortésmente, dice oye te vez muy mal, te vez muy viejo y acabado, y no le hacemos ningún favor, con este tipo de comentarios, así es recomendable ser positivos en cualquier situación, para no herir susceptibilidades y crear conductas lamentables.

En todo caso usar sugestiones constructivas, en vez de destructivas, y eso precisamente es lo que se hace en la hipnosis o hipnoterapia.

17

LA HIPNOSIS TEATRAL, MITOS Y VERDADES

La otra cara de la hipnosis es la hipnosis teatral, esa que vemos en los teatros, y donde vemos a los que acuden, caer en el estado hipnótico, bailando cantando o haciendo diferentes cosas, que el conductor les sugiere, y lo cual provoca las risas del público, porque se les utiliza como si fueran los artistas, comiendo cebollas, haciéndoles creer que comen manzana, haciéndoles actuar como bebes y alimentándose con biberón, bailar sin saber bailar, tocar instrumentos musicales, sugestionándolos para que canten como cantantes famosos, o que actúen como mujeres, son muchas las formas, que el hipnólogo utiliza para divertir al público.

Hay muchos hipnólogos teatrales y sobre todo en lugares como las Vegas, centros nocturnos, lo que si he notado es que no conozco ninguna mujer que se dedique a ello, en México me han dicho que si hay una de apellido Miller, con mucho éxito, pero nada más, así que considero que es un campo virgen para las mujeres, tampoco hay hombres haciendo hipnosis teatral en español en estados unidos, los que conozco son gente que viene de otros países, por lo tanto hay campo virgen también para los varones.

Mitos, algunos de los que van a los teatros, creen que todo está previamente arreglado, que es un engaño, y criticas de esa naturaleza, nada más alejado de la verdad, no son trucos ni esta nada previamente arreglado ni les pagan para que finjan la hipnosis, todo es una gran verdad es real, sucede y sucede bien, en mis inicios con la hipnosis, empecé haciendo teatro, hace aproximadamente 40 años, con amiguitos de mis hijos yo practicaba, mucho y hacia mis pininos, con técnicas, que había visto en películas, o había leído, si yo solo por mi cuenta, recuerdo una revista que había en aquellos años, llamada Duda, de editorial Posada, y bueno practique muchas horas, con chamacos de 10 hasta de 20 años, recuerdo una sesión en la Cruz Roja, donde con los muchachos enfermeros y camilleros, hice una regresión para ver nuestra vida pasada nuestra infancia, y también una progresión, donde se hace una técnica para ver el futuro, y en una ocasión, uno de los camilleros, llego a la hipnosis profunda, y lo que nos dijo por medio de ese estado hipnótico, que yo estaría, en Los Estados Unidos concretamente en Los Ángeles en 1990, lo cual me causo risa, porque yo no tenía ningún plan de viajar a esta nación, apunte todo el resultado y para mi sorpresa, sucedió tal como lo relato el camillero, a quien le decíamos el Vale, otro cosa que recuerdo nos dijo en esa progresión, fue que el próximo presidente de México sería un señor sin pelo, y su apellido era salinas, lo cual también sucedió, y yo seguí aprendiendo con esa prácticas, sin embargo yo quería hacer hipnoterapia, y como no conocía ninguna escuela, solo adquirí libros, y solo cuando ya estaba en estados unidos, en una venta de jardín me compre por tan solo $0. 25 centavos de dólar, mi primer libro de hipnoterapia libro que aún conservo, y con este libro ya comencé a estudiar lo que yo buscaba, ayudar a otras personas, por medio de la hipnosis, ya en 1990 estudie en el Instituto Americano de Hipnoterapy, de la ciudad de Irvine, lo estudie en inglés y también en español.

30 años he estado usando la hipnoterapia, de manera profesional, lo cual me da un intenso placer, sobre todo por los beneficios que se logran de una manera pronta y contundente, también me viene a la memoria Taurus do Brasil, hipnólogo teatral, reconocido por más de 50 países, con el platique en una ocasión que se presentó en el teatro Blanquita, que estaba en la calle Whittier cerca de la calle Soto en Boyle Higths, parte de los Ángeles y le pedí me ayudara a aprender más sobre la técnica, y comprando sus discos, los famosos [Long plays], los que todavía conservo y me enseño algunas de sus experiencias y me motivo para que me preparara, obtuviera libros que él mismo me sugirió también adquirí los de su hijo John Milton a quien tuve el placer de conocer en Los Ángeles, en el teatro Los Chuper Amigos, que ahora ya son Cd's, también platicando con Milton me entere de la muerte de su padre Taurus, y él ahora sigue con el legado de su padre.

Muchos tips o secretos se pueden aprender, de estas personas dedicadas al show bisnes, como se dice. Al espectáculo teatral, y no importa quien sea, vale la pena ir a ver, ya que siempre se aprende algo en ellos, y también nos sirve de relajamiento, cada persona tiene sus formas muy particulares, sus técnicas, todas ellas interesantes, así que es recomendable, cada vez que se presente un show de esta naturaleza, hay que presenciarlo, siempre se aprende algo y eso nos permite ser más duchos en la materia, así que es un deber como hipnólogos terapeutas, aprender, aprender y refinar más cada día las técnicas, y lograr también cada vez ser mejor en el campo de esta poderosísima herramienta mental.

Allá por los 80's fui invitado a un programa de radio a una estación que se llamaba[la súper kaku] no existe más y el locutor que me hizo esa invitación, fue Fernando Escandón, por medio de la secretaria de apellido Reynoso de nombre Vicky, una persona muy eficiente, y de gran ayuda para mí, cuando hacia mis pininos en esos menesteres de la radio, y mis intentos de darme a conocer, si volviendo al programa, al que fui invitado, ahí se me dio la oportunidad de explicar acerca de la hipnosis como terapia, y no solo eso sino que en el mismo programa Fernando se prestó para una demostración haciéndole una hipnoterapia para dejar de fumar, y al final del programa el intento fumar notando, que no podía llevarse el cigarro a la boca, volteaba y veía el cigarro, haciendo cara de sorpresa y yo feliz y contento, por el éxito de mi técnica, en esa mi primera invitación a la radio, muchas experiencias, he tenido y seguiré teniendo, ya que yo soy un vivo ejemplo del éxito de la hipnosis, y cuando algo no me permite lograr lo que deseo, recurro a la técnica, me auto hipnotizo y tarde o temprano logro mi objetivo u objetivos, si a nivel personal mi vida y mis logros tienen que ver con la hipnosis, hace ya muchos años que es mi herramienta favorita, cada plan cada meta cada proyecto es programación hipnótica, en lo personal y lo profesional.

18

57 AÑOS DE PRÁCTICA DE LA HIPNOSIS, Y LOS RESULTADOS, EN LO PERSONAL Y EN LO PROFESIONAL

Mis primeros años, de niño sin saber lo que era la programación o hipnosis, de adolescente como novedad, de adulto como tentación y más tarde como profesional, en esos 30 años, por estudios autodidactas y después estudiando nuevas técnicas, en inglés y español, y sigo perfeccionando mis técnicas también dando clases desde 1990, y ahora escribiendo este libro . . . Si mi vida está basada en la hipnosis todas mis metas, han sido causadas por la programación o técnicas hipnóticas para realizar, mis proyectos, y todo lo que me he propuesto, y sigo planeando mi futuro, con esta maravillosa y antigua técnica hipnoterapia, lo cual me da seguridad y me proyecta cada día en cada respiración y cada minuto de mi vida.

Estoy seguro que si esta técnica se les enseñara a los Maestros de cualquier nivel educativo, serian mejores como tales y también podrían ayudar significativamente a sus alumnos, que serían estudiantes de primera, si el poder de la sugestión es increíble y verdaderamente importante, a cualquier nivel, por eso los grandes líderes o que aspiran a serlo, aprenden hipnosis aplicada a la mercadotecnia, y la política, diferentes nombres se usan en ocasiones, Meditación Trascendental, Control Mental Silva, Programación Bioenergética Biológica Neural, bueno muchos se pueden usar, diversas técnicas también, como Vidas Pasadas, Línea de la Vida, Vuelos Astrales, Tele Hipnosis, Magnetización Hipnótica, para las cartas o correspondencia, en fin, muchas formas y variadas son las cosas en cuales se puede aplicar la Hipnoterapia, y todas ellas son efectivas aunque el éxito depende de la experiencia y seguridad del Hipnoterapeuta.

Si vivo la hipnosis, la disfruto y la enseño, es mi gran secreto de lo que he logrado en la vida, y definitivamente seguiré logrando, la recomiendo plenamente, siempre.

Hay muchas técnicas para inducir el sueño hipnótico, la que describo, de los ocho pasos, la he usado por 20 años, sin embargo, se han desarrollado, hasta donde yo sé, 35 diferentes formas muy variadas, cuando aprende hipnosis, se acostumbra a determinada técnica, se identifica con alguna en particular, otro método usado casualmente por mí mismo es la inducción rápida o instantánea, está la uso más en mis clases, y en ocasiones en situaciones de emergencia, familiares y personales, siempre estoy aprendiendo, técnicas y métodos o re-aprendiendo, con el tiempo y por mi búsqueda constante de material sobre la hipnosis, y la forma en que la emplean diferentes hipnólogos, ya sea dedicados al espectáculo teatral o hipnoterapeutas, sigo asimilando, renovando, confirmando y experimentando, a través de los años he comprado, más o menos 50 libros, de los cuales siempre aprendo algo más, y también cuando doy algún curso, implemento técnicas o formas diferentes, con tal de enseñar mejor, con la mente abierta a un nuevo conocimiento, lo cual lo recomiendo ampliamente a todos mis alumnos y alumnas, ya que el rechazo al nuevo conocimiento nos convierte en ignorantes, gracias por tomarse el tiempo para leer este libro que resume en gran medida, mis experiencias de muchos años en este maravilloso campo de la hipnosis de la hipnoterapia.

Algún día usaremos esta técnica en las escuelas desde el kínder Garden hasta nivel profesional, y yo seguiré aprendiendo y contribuyendo con mi granito de arena.

La capacidad de nuestro cerebro es infinita, en la vida cotidiana, uno se pone en ocasiones limites por costumbre, por inseguridad, baja estima, por complejos, y por ignorancia, así que le invito a que, siempre tenga la mente abierta y dispuesta al nuevo conocimiento, sin importar la edad ni la procedencia, sin dogmas sin misterios, sin egoísmos, y con eso en mente seremos unos auténticos y prolíficos seres humanos, y cada día más libres, verdaderamente libres, sin ataduras tradicionales culturales ni familiares y con esta idea, mejoraremos nuestro entorno nuestra familia, nuestra ciudad, nuestro estado, nuestro país y nuestro planeta tierra, y mejoraremos la raza humana en su conjunto, y unidos haremos cada día un mundo de armonía y tranquilidad, sin faltar el respeto, a nuestros semejantes, sin guerras, ni mentiras, VIVA LA VERDAD, EL RESPETO AL DERECHO AJENO ES LA PAZ, Y AL CONOCIMIENTO, EN TODA SU MAGNITUD.

19

COMO ÚLTIMO CAPÍTULO, EXPLICO LO QUE SON LAS REGRESIONES Y LAS PROGRESIONES

Regresiones son una parte muy importante de la hipnoterapia, y lo he dejado hasta el final, ya que considero importante tener mucha práctica con las demás técnicas primero, y después de al menos 200 inducciones, ya podemos, entender más de cerca esta modalidad de la hipnoterapia.

Que es una regresión, como su nombre lo dice regresar, en este caso en el pasado de uno mismo o del cliente[a] si ya después de haber inducido al cliente, y cuando no vemos mejoría en el problema, entonces es recomendable, el uso de esta técnica de regresión, aquí expongo algunas de mis experiencias en esta técnica.

En alguna ocasión una alumna, tenía pavor que le tocaran el cuello, y como demostración, durante la misma clase, la induje dentro de la hipnosis y la guíe a que regresara en el tiempo y en el espacio, hasta donde ella encontrara por qué le tenía miedo o no le gustaba que se le tocara el cuello, y afectivamente dentro de esa experiencia, nos relató aún bajo hipnosis, que en una vida pasada, ella había sido horcada, y bueno sabiendo eso le calme y le hice saber que todo estaba bien que había tranquilidad, y que poco a poco volviera de donde ella estaba bien al momento actual, y cuando le di indicaciones para abrir los ojos, ella manifestó que ya no sentía miedo que le tocaran el cuello, y sus compañeros presentes se lo tocaron, y si efectivamente no hubo ningún rechazo a que le tocaran su cuello, se sentía bien y no le molestaba para nada el hecho de sentir las manos de hombres o mujeres presentes, en esa clase.

Otro caso fue el de la esposa de un ex alumno, que tenía quistes en el seno izquierdo, para ser exactos tres quistes y tenía una copia de un ultra sonido, procedí a llevarla dentro del sueño hipnótico, por petición del esposo presente, y ella ya bajo la guía sugerida también regreso a su vida de niña y después a una vida pasada, ella nos contaba que se encontraba en algún lugar de Alemania de acuerdo a la descripción que nos hizo, la forma de su vestido y otros detalles del lugar, nos dijo que andaba recolectando manzanilla, en un campo muy grande, y cuando lo hacia una vara de un arbusto seca le pico el pecho izquierdo causándole dolor con un ligero sangrado, y no le hizo mucho caso, regreso a su casa, y no hizo nada más al respecto, y de ahí procedí al regreso a la actualidad, y cuando ella abrió los ojos, inmediatamente, se tocó el seno de los quistes y nos dijo no tengo nada, no ya no los tengo y el marido, le toco su seno y también dijo no se siente nada pidiéndome que le palpara o examinara el seno para estar seguro de lo que decían ambos, y si efectivamente no se le sentía nada, y mi recomendación fue que se hiciera otro ultra sonido, para comprobarlo también de esa manera, y como a la semana después, tanto la esposa como mi ex alumno me mostraron el ultra sonido nuevo, el cual no aparecía nada de quistes.

En otra ocasión, también durante una clase, una de las alumnas, en regresión, empezó a llorar, a desesperarse y a estar muy inquieta, por lo cual me acerque a ella y queriendo tocar su hombro para consolarla, ella inmediatamente me rechazo, no, no me toque quítese, en ese momento me di cuenta que algo le había sucedido en relación a un hombre o hombres, y después de calmarla sin tocarla para nada, a cierta distancia, la regrese al momento actual y ya calmada, nos dijo que ella había sido violada por un sacerdote, y aunque ella era casada su vida no era muy de su agrado porque siempre le costaba mucho trabajo tener relaciones sexuales con el esposo, y ella misma nos manifestó en ese momento, ahora ya sé porque, no disfruto de mi matrimonio, y con esta inducción lo he recordado todo, gracias ahora ya sé porque rechazo tanto a mi esposo, le sugerí que se lo platicara en cuanto llegara a casa o yo lo hacía por ella aunque le dije lo mejor para que sane completamente es que lo haga usted y con el tiempo ella y el esposo me platicaron que le había servido la regresión porque ya su vida sexual era muy buena, desde la famosa regresión, se había acabado el trauma del evento que le sucedió cuando niña, y si bien ella no lo recordaba si estaba afectada, o traumada, por ese vil acto del sacerdote que la violo, recuerdo que inclusive su esposo era pastor cristiano, y tal vez ella lo rechazaba porque veía en su marido al violador, y a través de la regresión se liberó del trauma y hasta la fecha viven bien y contentos de haber sanado su mente de ese recuerdo ingrato por efecto del salvaje acto, cometido por ese mal religioso o sacerdote.

Las regresiones también se hacen para recordar o sanar traumas de la infancia o del vientre de mamá, que si bien el niño o niña no sabe ni entiende lo que pasa a su alrededor o la mamá, su cerebro todo lo registra, y le puede causar traumas o comportamientos no normales. Y como se hace una regresión, aquí expongo el método que uso.

Siguiendo todos los pasos para la aplicación de la hipnoterapia.

Y después de la inducción o sea en el momento de la terapia, le digo relájese más profundo, como nunca lo había hecho y le sugiero que se imagine que puede viajar en el tiempo y en el espacio porque la mente es muy potente y no hay imposibles para ella, lo repito de varias maneras y le digo voy a contar hasta tres y al hacerlo usted va a viajar en el tiempo poco a poco y en el espacio hoy estamos en el año 2011, y usted regresa poco a poco al 2010, respire profundamente con cada año que menciono, 2009. Poco a poco imagínese un calendario y usted, va regresando los años hasta llegar donde haya un conflicto en su vida en su niñez adolescencia o de bebe, regrese poco a poco, respirando siempre profundo, profundamente, y 2008 . . .2007 y así va usted regresando por la habilidad de su mente, ya que el cuerpo es tan solo un robot que obedece a la mente, siga retrocediendo hasta llegar a la etapa del nacimiento, cuando usted vuelva a abrir los ojos recordara absolutamente todo y pondrá decirlo libremente, 2006, regresa respire, 2005 . . . 2004, más regrese en el tiempo y en el espacio, hasta el año en que usted nació poco a poco con mucha seguridad, sintiéndose muy bien, su mente en perfecta armonía, y llega hasta la primera infancia, tome nota con su mente de todo lo que ve y lo que oye, usted recorre parte a parte en esta regresión, hasta el momento de su nacimiento, y recordara todo lo visto y cuando vuelva a abrir los ojos usted me contara todo, y sus traumas sanaran, sus complejos, sus malas experiencias ya no tendrán efecto negativo en usted, prepárese le contare y después de unos segundos, nuevamente y despertara sintiéndose muy, muy bien de la mente y del cuerpo, [después de unos 10 a 15 segundos, le cuento] 7 . . . prepárese, poco a poco . . . 6 . . . tranquilamente, respirando suavemente y profundamente, se empieza a despertar con el conteo poco a poco, siga son su respiración, 5 . . . 4 . . . 3 . . . más alerta sintiéndose de maravilla en este viaje, y regresando a la actualidad, si ya empieza a despertar,2 . . . 1, despierte abra los ojos sintiéndose bien de la mente y del cuerpo. Y ahora podrá contarnos su experiencia.

Usted con práctica también lo podrá hacer muy profesionalmente y obtendrá buenos resultados, solo recuerde que la práctica hace al maestro.

Progresión otra técnica importante para ver o imaginar el futuro.

Cuando se aplica esta técnica, cuando la persona quiere saber, precisamente su futuro, después de la inducción, se procede a la sugestión para viajar en el tiempo y en el espacio hacia el futuro, 5, 10 0 15 años lo que usted quiera, relájese muy, muy profundamente como nunca lo había estado, si siga respirando más profundamente todo el tiempo hágalo respire mientras avanza hacia el futuro, ve en su calendario como avanzan los días las semanas los meses, y los años imagínese, visualice cada día cada semana, cada mes, cada año, poco a poco, avanza en el tiempo, en el futuro, 1, siga avanzando . . .2, más avanza vea el calendario va a llegar hasta donde usted quiera, 3 . . . 4 . . . más en el futuro y sintiéndose bien, muy bien con tranquilidad con seguridad, se siente y respira apropiadamente oxigenando su sangre que alimenta su cerebro, 5 . . . Sigue adelante, Con firmeza y más en el futuro hasta donde usted quiera, 6 . . .7 adelante, recordara todo cuando abra los ojos nuevamente, todo si todo . . . 8 más adelante . . .9 . . . usted llega a ese año, que le interesa examine todo y apunte los detalles en su mente, después de unos segundos le volveré a contar para que regrese sintiéndose bien, respire siempre profundamente, . . . cuando yo le vuelva a hablar, usted estará listo a regresar, para que me diga todo su futuro, respire profundamente tres veces y prepárese y abra los ojos después de la tercer respiración sintiéndose bien de la mente y del cuerpo.

Ya con los ojos abiertos, le preguntamos al cliente de su experiencia, y nos contara los pormenores de esta, así el sabrá lo que hizo para estar en ese futuro, podrá tener la información, por adelantado. Sabiendo lo que tiene que hacer, lo que vio en esa progresión, es algo parecido como su viéramos un guion de una novela o película, así sabemos lo que tenemos que hacer y actuamos prevenidos por si hay algo que cambiar como precisamente lo hacen los actores o actrices.

¿Se antoja increíble verdad? A mí también así me lo pareció, sin embargo mi experiencia en la hipnoterapia como profesión por 30 años me confirman que es una técnica valiosísima. Y la usare todo el tiempo que lo considere necesario, y en casos que lo ameriten.

La ciencia del control mental, como llamo a la hipnoterapia es la que me ha permitido a mí estar donde estoy y haber escrito este libro, basado en mis años de práctica, con miles de personas y con mis alumnos de cada clase de hipnosis o hipnoterapia.

Este libro lo he escrito con la intención que sirva para entender nuestra mente y como la podemos usar para nuestro beneficio, y para nuestros clientes y también para la familia los beneficios de la técnica son infinitos.

Los límites de la hipnosis son los que cada técnico o profesional de la misma se ponga, por miedos, por sus traumas personales, complejos, o porque no quiera usarla apropiadamente, recuerde los límites son los que usted mismo o misma se ponga . . .

Un abrazo a toda la humanidad, y mi compromiso a ser mejor en todo lo que hago y por el bien de toda la humanidad, viva la ciencia, cada persona mujer o hombre son únicos irrepetibles y cada uno son de suma importancia, aprendamos de todos, brindo con un vaso de agua pura, o licuado verde, por la salud mental y física de toda la humanidad.

FINAL . . .

www.ingramcontent.com/pod-product-compliance
Lightning Source LLC
Chambersburg PA
CBHW031303280526
45784CB00004B/1963